Susanna Roux (Hrsg.)

PISA und die Folgen: Bildung im Kindergarten
Grundlagen, Materialien, Perspektiven

Verlag

Empirische Pädagogik e. V.
Bürgerstraße 23
D-76829 Landau
FON ++49-6341-906-177
FAX ++49-6341-906-166
MAIL info@vep-landau.de
WEB www.vep-landau.de

Titelbild & Layout

© Harald Baron

Druck

DIFO Bamberg

Zitiervorschlag

Roux, S. (Hrsg.). (2003). PISA und die Folgen: Bildung im Kindergarten. Grundlagen, Materialien, Perspektiven (VEP-Aktuell, Bd. 3). Landau: Verlag Empirische Pädagogik.

Alle Rechte, insbesondere das Recht der Vervielfältigung und Verbreitung sowie der Übersetzung, werden vorbehalten. Kein Teil des Werkes darf in irgendeiner Form (durch Fotografie, Mikrofilm oder ein anderes Verfahren) ohne schriftliche Genehmigung des Verlages reproduziert oder unter Verwendung elektronischer Systeme verbreitet werden.

ISBN 3-933967-88-0

© Verlag Empirische Pädagogik, Landau 2003

INHALTSVERZEICHNIS

Vorwort 1

1. Brauchen Vorschulkinder Bildung? 3
   Susanna Roux

2. Die PISA-Studie. Grundlagen und
   Konsequenzen für den Kindergarten 13
   Stefanie Emmerich & Christina Geiger-Memmer

3. Vorschulkonzeptionen im Wandel –
   Was war, was ist, was kommt? 28
   Susanna Roux

4. Die französischen „écoles maternelles" 42
   Magali Bros

5. Kinderbetreuung in Schweden 49
   Karin Strauß

6. Was brauchen Kinder, damit der Schulstart gelingt? 57
   Iris Hausmann-Vohl

7. Schulfähigkeit – alter Begriff, neue Ideen? 72
   Andrea Stuck

8. Aus Alt mach Neu?! – Zur Reform und
   Weiterentwicklung der ErzieherInnenausbildung 84
   Iris Hausmann-Vohl

9. Zwischen Bildungskatastrophe und Bildungseuphorie – Zur Zukunft der Kindergärten nach PISA 111
   Susanna Roux

10. Bücher und Materialien 121
    Claudia Keller & Iris Hausmann-Vohl

VORWORT

Das Thema „Bildung im Kindergarten"[1] ist sehr aktuell, aber nicht neu und letztlich auch keine Erfindung der „PISA-Macher". Neu ist aber die besondere Aufmerksamkeit, die diesem Teilaspekt der Vorschulpädagogik neben den Aspekten der Erziehung und Betreuung gegenwärtig zukommt. Das gab es bisher nur zu Hochzeiten der Bildungsreform in den 60er bzw. 70er Jahren des 20. Jahrhunderts in ähnlichem Ausmaß.

Diese Aktualität war ausschlaggebend dafür, die Bildungsthematik zum übergreifenden Thema eines Studientags für Erzieherinnen und Lehrerinnen zu machen. Dieser Studientag wurde durch Studierende der Studienrichtung Pädagogik der frühen Kindheit der Universität Koblenz-Landau, Campus Landau unter meiner Leitung im Mai 2002 erfolgreich organisiert und durchgeführt. Mit der Durchführung des Studientags wurde ein Beitrag zur aktuellen Diskussion um die Bildungsfrage in der vorschulischen Erziehung geleistet. Es wurden verschiedene Aspekte der Bildungsdebatte thematisiert und Erfahrungsberichte aus der Praxis diskutiert.

Der vorliegende Band ist mehr als das schriftliche Ergebnis des Studientags. Er bündelt Hintergrundinformationen und arbeitet aktuelle Diskussionsinhalte für eine breite Leserschaft der pädagogischen Praxis auf. Diese Veröffentlichung wäre nicht zustande gekommen ohne die Mitarbeit sehr engagierter Studentinnen und Studenten und engagierter Erzieherinnen, Lehrerinnen und Lehrer. Ziel ist, der interessierten Leserschaft Basiswissen zu vermitteln, die Diskussion in der Praxis anzuregen und weitere Informationsmöglichkeiten aufzuzeigen.

In einem ersten Beitrag wird – ausgehend von anthropologischen Grundlagen – die Ausgangsfrage diskutiert, ob Vorschulkinder überhaupt „Bildung" brauchen bzw. welche Art von Bildung Kinder brauchen. Danach werden Grundlagen zur PISA-Studie vorgestellt und ihre Bedeutung für die frühpädagogische Praxis diskutiert. Im dritten Abschnitt wird die wechselvolle Geschichte der Vorschulkonzeptionen seit der Nachkriegszeit nachgezeichnet und die Frage wieder aufgegriffen, ob das Bildungsthema tatsächlich neu ist. Darauf folgen die Vergleiche zur Vorschulerziehung in Frankreich und Schweden. Im Folgenden werden Formen

---

[1] Der Begriff Kindergarten bezieht sich in diesem Band stellvertretend auf alle derzeit möglichen Formen von Tageseinrichtungen für Kinder.

und Möglichkeiten der Zusammenarbeit zwischen Kindergarten und Schule beschrieben. Zum Thema Schulfähigkeit werden anschließend ältere und neuere Konzepte vorgestellt und erörtert, die ausdrücklich bildungsbezogene kindliche Fähigkeiten in den Blick nehmen. Schließlich wird auch der Blick auf die Ausbildungssituation der Erzieherinnen gerichtet und diskutiert, inwiefern eine Reform der Ausbildung notwendig ist. Den Abschluss bildet die Diskussion und Standortbestimmung zur Frage, wo sich die Kindergartenerziehung im Rahmen der Bildungsdebatte derzeit befindet und welche zukünftigen Schwerpunkte die Frühpädagogik erwarten. Eine beigefügte aktuelle Materiliensammlung soll allen Interessierten zusätzliche Informationen, Literaturempfehlungen, nützliche Hinweise zur weiteren Vertiefung der Thematik zur Verfügung stellen, um sich letztendlich selbst zu bilden ... .

Ein herzliches Dankeschön gilt der Universität Koblenz-Landau, Campus Landau. Sie hat durch ihre finanzielle Unterstützung die Realisierung dieses Bandes erst ermöglicht.

Albersweiler, im Mai 2003

Susanna Roux

1. BRAUCHEN VORSCHULKINDER BILDUNG?[2]

SUSANNA ROUX

Brauchen Vorschulkinder Bildung? – diese auf den ersten Blick banal erscheinende Frage, birgt bei genauerem Hinschauen interessante Teilaspekte für das Thema Bildung im Kindergarten. Es erscheint in einem ersten Schritt angebracht, die Frage in ihre Einzelteile aufzuschlüsseln und diese näher zu beleuchten:

Man könnte die Frage in einer ersten Variante folgendermaßen betonen: *Brauchen* – Vorschulkinder – Bildung? Sind Kinder angewiesen auf Bildungsinhalte, die durch andere in einer noch näher zu bestimmenden Form vermittelt werden? Besteht eine Bedürftigkeit bzw. eine zwingende Notwendigkeit zum Aufgreifen von Bildungsinhalten und -fragen im Kindergarten?

Mit solchen Fragen wird eine anthropologische Seite der Thematik berührt. Die Wissenschaft des Menschen – die Anthropologie – befasst sich insbesondere mit den biologischen, pädagogischen, philosophischen und theologischen Aspekten des Menschseins und den Bedürfnissen, die sich daraus ableiten lassen. Entsprechende Überlegungen begründen dann nicht selten pädagogische Empfehlungen. Nämlich beispielsweise Aussagen dazu, wie das Umfeld eines jungen Menschen gestaltet sein muss, um ihm das bestmögliche Überleben und Aufwachsen in seiner natürlichen und kulturellen Umwelt zu sichern.

Ohne auf die lange Geschichte der verschiedenen Menschenbilder und Theorien der Anthropologie im Detail einzugehen, sollen an dieser Stelle übergreifende Überlegungen aus den ersten Jahrzehnten des 20. Jahrhunderts aufgegriffen werden. In diesen Jahren haben sich bedeutende Philosophen intensiv mit der Frage beschäftigt, was das Menschsein ausmacht. Ihre Überlegungen lassen sich zu folgenden zentralen Aussagen zusammenfassen, die auch heute noch die Grundhaltung vieler Pädagoginnen und Pädagogen mitbestimmen (u. a. Hamann, 1998).

---

[2] Überarbeitete Fassung des gleichnamigen Vortrags vom 24.05.2002 anlässlich des Studientags für Erzieherinnen zur Bildungsfrage in der vorschulischen Erziehung (Universität Koblenz-Landau, Campus Landau).

An zentraler Stelle der Überlegungen steht die Erkenntnis, dass der Mensch ein lern- und erziehungsbedürftiges Wesen ist. Das heißt, der Mensch ist angewiesen auf Erziehung und Bildung. Er wird in eine natürliche, kulturelle und gesellschaftliche Umwelt hinein geboren. Um in dieser Umwelt bestehen zu können, benötigt er die Unterstützung durch sein soziales Umfeld. Trotz enormer Kompetenzen kann der Mensch nicht alles, was er zum Überleben braucht, selbst entdecken, sich selbst aneignen und es auch nicht selbst erschaffen.

Die Gründe dafür liegen einmal in seiner besonderen Organstruktur, die zur Bezeichnung des Menschen als biologisches Mängelwesen geführt haben. So ist der Mensch im Vergleich zum Tier mit eher primitiven, nicht spezialisierten Organen ausgestattet. Es fehlen Flucht-, Schutz- und Angriffsorgane. Zudem ist der Mensch im Vergleich zum Tier arm an Instinkten und dadurch schwach und hilflos. Und er ist daraus resultierend lange schutzbedürftig.

Andererseits liegen die Gründe für die Lern- und Erziehungsbedürftigkeit des Menschen auch in seiner einzigartigen Entwicklungsweise. Als so genannte physiologische Frühgeburt, mangelt es dem Menschen an Fähigkeiten zum eigenständigen Überleben nach der Geburt. Er ist angewiesen auf andere Personen, die ihm das Aufwachsen ermöglichen. Er ist angewiesen auf handelnde Auseinandersetzung mit seiner sozialen Umwelt. Das menschliche Sozialverhalten stellt insofern auch eine Besonderheit seiner Entwicklung dar.

Neben der Lern- und Erziehungsbedürftigkeit des Menschen wird aber auch betont, dass er zu geistiger Lebensführung bestimmt ist. Geistig-kulturelles Erleben und Schaffen charakterisiert also ebenfalls das menschliche Sein. Um dieser Bestimmung gerecht werden zu können, ist der Mensch auf reiche Erfahrungen angewiesen – die auch von anderen ermöglicht, vermittelt werden können. Solche Erfahrungen verhelfen ihm bewusste, sinnorientierte, freie und verantwortungsvolle Handlungen vornehmen zu können.

Schließlich ist der Mensch also auch als lern- und erziehungs*fähig* zu kennzeichnen. Der zuvor beschriebene Mangel, u. a. durch seine Organstruktur, lässt den Menschen zwar mit Recht als lern- und erziehungs*bedürftig* beschreiben, andererseits bestimmen aber auch besondere Kennzeichen des Menschseins, wie z. B. seine Weltoffenheit oder seine Bestimmung zu geistiger Lebensführung, im positiven Sinne seine Erziehbarkeit. Das bedeutet, dass der Mensch die einzigartige Möglichkeit bzw. die einzigartige Fähigkeit besitzt, Wissen und Können zu erwerben, das Verhalten zu verändern und in Richtung vorstellbarer Ziele veränderbar zu sein. Dies zeichnet ihn wiederum gegenüber anderen Lebewesen aus.

Als positiv denkende Menschen vertreten wir als Pädagogen häufig einen Erziehungs- und Bildungsoptimismus. Wir gehen nämlich davon aus – oder wenigstens hoffen wir es – dass unser pädagogisches Tun wirkungsvolle Effekte nach sich zieht. Dies, obwohl wir wissen, dass Umwelteinwirkungen (zu denen auch unser pädagogisches Tun gehört) nicht allein ausreichend sind, um Entwicklungsfortschritte und Verhalten von Menschen zu erklären. Wir stoßen also mit unserem Optimismus in der Praxis nur allzu oft auf Grenzen.

Doch trotz der Bedeutung von Erbfaktoren für die menschliche Entwicklung, auf die wir als Pädagogen keinen Einfluss haben, wird die prinzipielle Lernfähigkeit eines Menschen in nicht geringerem Maße vom bisher Erlernten bestimmt. Ja, in Lernprozessen erfolgt die jeweilige Ausprägung der Lernfähigkeit. Solche Lernprozesse kommen in Gang unter wechselseitigen Wirkungen zwischen dem Individuum und seiner Umwelt. Positiv gesehen wirkt die Umwelt dabei stimulierend und ermöglicht etwa dem Individuum als Lernender selbst aktiv zu werden. Negativ gesehen kann sie auch hemmend wirken, u. a. indem sie Eigenaktivität des Einzelnen unterbindet. Die Ermöglichung solcher Lernprozesse, z. B. durch das Gestalten einer anregungsreichen Umwelt ist eine zentrale Aufgabe der Pädagogik.

In diesem Zusammenhang ist übrigens auch Begabung nicht als feststehende, fixierte, naturhaft festgelegte, statische Größe zu sehen. Von einer solchen Annahme ging man noch bis in die 60er Jahre des letzten Jahrhunderts aus. Sondern man könnte Begabung als eine in einem langen Prozess hervorgebrachte Endleistung beschreiben. Dies entspricht einem modernen, dynamischen Begabungsverständnis (Hamann, 1998, S. 131).

All diese kurzen Andeutungen weisen darauf hin, dass der Mensch einerseits Hilfe zur *Naturalisation* braucht, d. h. zur Anpassung an ursprünglich fremde Lebensräume.

Es bedeutet ebenso, dass der Mensch Hilfe zur *Enkulturation* braucht, also zum Hineinwachsen in bzw. zur Anpassung an die Kultur einer Gesellschaft. Hier können wir von Hilfe zur kulturellen Bildung sprechen.

Es heißt auch, dass der Mensch Hilfe zur *Sozialisation* braucht, nämlich zur Vergesellschaftung bzw. zum ‚Mitglied-Werden' in einer Gesellschaft und so zur sozialen Bildung.

Schließlich braucht der Mensch auch Hilfe zur *Personalisation*. Er benötigt Hilfe zur selbstschöpferischen Entfaltung der eigenen Personalität, der Persönlichkeitsbildung.

Die Lern- und Erziehungsbedürftigkeit des Menschen lässt also ein weites Feld an pädagogischen Einfluss- und Gestaltungsmöglichkeiten dringlich erscheinen. Lassen Sie uns somit zur Ausgangsfrage zurückkehren: *Brauchen* Vorschulkinder Bildung?

Zusammengenommen können wir an dieser Stelle resümieren, dass der Mensch durch seine Lern- und Erziehungsfähigkeit und seine Lern- und Erziehungsbedürftigkeit auf Hilfe und Unterstützung durch sein Umfeld angewiesen ist. Er braucht diese Hilfe u. a. in Form von Bildung.

Der zweite Teil der Frage lässt sich schneller beantworten: Brauchen – *Vorschulkinder* – Bildung?

Nach den eben ausgeführten Überlegungen braucht der Mensch bestimmte Entwicklungsbedingungen, die ihm das Überleben in seiner Umwelt ermöglichen. In Abhängigkeit vom Alter variieren die notwendigen Entwicklungsbedingungen sicherlich. Es steht aber außer Frage, dass lebenslang bestimmte Entwicklungsbedingungen notwendig sind. Dies beginnt schon im Säuglingsalter und endet im Greisenalter. Also benötigen auch Menschen im vorschulischen Alter bestimmte Entwicklungsbedingungen, u. a. zur Bildung.

Diese Überzeugung wurde nicht immer vertreten. Sie hat sich erst seit Ende der 60er Jahre in Deutschland im Zuge der Bildungsreform durchgesetzt. Es wurde damals erkannt, dass nicht erst mit Eintritt in die Grundschule Bildungsinhalte und -ziele vermittelt werden sollten, sondern auch Kinder im vorschulischen Alter ‚*Bildung*' – in welcher Form auch immer – brauchen.

Dieser Sinneswandel geht u. a. zurück auf entwicklungspsychologische und lerntheoretische Erkenntnisse jener Jahre. Und konsequenterweise wurde 1970 der Kindergarten als Elementarstufe dem Bildungssystem zugeordnet (Deutscher Bildungsrat, 1970), selbst wenn er nach wie vor administrativ dem Bereich der Kinder- und Jugendhilfe untersteht.

Wenn wir aber von Kindern im vorschulischen Alter sprechen, dann sollten wir die Altersspanne nicht begrenzen auf die Zeit unmittelbar vor Schuleintritt. Damit sind alle Kinder im Alter bis zu 6 Jahren gemeint. Das heißt, das Neugeborene gehört ebenso dazu, wie das zweijährige, das vierjährige oder das sechsjährige

Kind. Daher eine kürzere Antwort auf diesen Teilaspekt der Frage: Ja, auch Vorschulkinder von Geburt bis zum Schuleintritt sind Adressaten der Bildungsfrage.

Schließlich kommen wir zum inhaltlichen Kernstück der Frage: Brauchen – Vorschulkinder – *Bildung*? Natürlich müssen wir uns vor der Beantwortung einer solchen Frage im Klaren darüber sein, was wir unter Bildung verstehen. Dazu gehört auch, den Kontext der Bildungsdiskussion jeweils mit zu denken.

Festzustellen ist vorab, dass es derzeit weder eine allgemein anerkannte Bildungsdefinition für den Elementarbereich in Deutschland gibt, noch ein fest geschriebenes, allgemein gültiges Bildungsverständnis, das einer solchen Bildungsdefinition zugrunde liegen könnte. Und dies, obwohl der Elementarbereich als erste Stufe des Bildungswesens einen eigenständigen Bildungsauftrag zu erfüllen hat.

Jetzt könnte man verweisen auf das Recht der Kinder auf Bildung, das wir auch im Kinder- und Jugendhilfegesetz von 1991 im § 22, Absatz 1-2, nachlesen können (u. a. Mrozynski, 1998):

„(1) In Kindergärten, Horten und anderen Einrichtungen, in denen sich Kinder für einen Teil des Tages oder ganztags aufhalten, soll die Entwicklung des Kindes zu einer eigenverantwortlichen und gemeinschaftsfähigen Persönlichkeit gefördert werden. (2) Die Aufgabe umfasst die Betreuung, Bildung und Erziehung des Kindes. Das Leistungsangebot soll sich pädagogisch und organisatorisch an den Bedürfnissen der Kinder und ihrer Familien orientieren".

Der interessierte Leser sucht allerdings vergebens nach einer näheren Bestimmung der drei Begriffe bzw. nach Vorschlägen zu ihrer Realisierung in der pädagogischen Praxis. Problematisch ist in diesem Zusammenhang natürlich zudem, dass unsere Gesellschaft weniger Ressourcen in den Kindergarten steckt als in andere gesellschaftliche Einrichtungen, die ebenfalls einen Bildungsauftrag zu erfüllen haben, wie z. B. die Schule (Fried, 2003). So haben Erzieherinnen und Erzieher im Vergleich zu Lehrerinnen und Lehrern ein niedrigeres Ausbildungsniveau und erhalten eine geringere Bezahlung. Dadurch ergeben sich weitere Schwierigkeiten zur Erfüllung eines Bildungsauftrags für den Elementarbereich.

Es stellt sich die Frage, was angesichts dieser Erkenntnis zu tun ist.

Die Sachlage wird noch komplizierter, wenn wir uns vergegenwärtigen, wie viele andere Aspekte noch die Definition des Bildungsbegriffs beeinflussen. Versuchen wir uns dem Bildungsbegriff zu nähern, in dem wir in der Geschichte zurückblicken, werden wir uns beispielsweise bewusst, dass Bildungsinhalte und Bildungsziele stark abhängig sind vom Faktor Zeit. Wir müssen dazu nicht einmal weit zurückgehen. Es reicht, sich die Debatten zwischen Eltern und Kindern in Erinnerung zu rufen, in denen die Älteren den Jüngeren die Vorzüge eigener Bildungserfahrungen in höchsten Tönen anpreisen, als sprächen sie vom verlorenen Paradies. Kaum vorstellbar, dass das die heutigen Kinder später ihren Nachkommen gegenüber auch tun werden.

Und der Blick in unterschiedliche Kulturen zeigt, dass Bildungsvorstellungen auch sehr abhängig sind von kulturellen Bedingungen. Um sich das zu vergegenwärtigen, muss man nicht auf die Kultur der Ureinwohner von Neuguinea verweisen, obwohl dies sicher auch ein interessantes Beispiel wäre. Es genügt schon der Blick über die Grenze zu unseren europäischen Nachbarn, wie beispielsweise Frankreich oder Luxemburg, um Unterschiede in den Bildungsvorstellungen und Bildungspraktiken zu entdecken. Zum Beispiel die offizielle Zuordnung zum Bildungssystem, die sich schon im Namen zeigt (école maternelle).

Schließlich müssten auch noch die unterschiedlichen Perspektiven der Beteiligten zum Bildungsbegriff einbezogen werden: Was würden Kinder auf die Frage antworten: Brauchen Vorschulkinder *Bildung*? bzw. Welche Art Bildung brauchen Vorschulkinder? Und was würden Eltern antworten? Es lässt sich vermuten, dass die Antworten dieser beiden Personengruppen recht unterschiedlich ausfallen würden.

Wie kann also der Begriff der Bildung näher beschreiben werden? Eine Annäherung ist über zwei traditionelle Grundpositionen zum Bildungsverständnis möglich. Die eine Grundposition, die *materiale* Bildungstheorie, vertritt das Ziel, möglichst umfassende Bildungs*inhalte* (Bildungsmaterial) zu vermitteln. Der Zielzustand ‚gebildet sein' steht im Zentrum der Bemühungen. So erfolgt eine starke Konzentration auf inhaltliche Fragestellungen. Je mehr und je umfassender Inhalte vermittelt werden, desto besser. In diesem Zusammenhang wird häufig das Bild des „Nürnberger Trichters" zitiert. Nachteil dieses Ansatzes ist u. a., dass Bildungsinhalte erstens nicht alle vermittelt werden können, zweitens kein Konsens existiert über wichtige bzw. weniger wichtige Bildungsinhalte und drittens Bildungsinhalte sich sehr schnell wandeln, sie ‚veralten' in kurzer Zeit.

Außerdem vernachlässigt ein solcher Blick die Beteiligung des „Bildungsnehmers". Schon der bedeutende Entwicklungspsychologe Jean Piaget, der sich vor allem mit der kognitiven Entwicklung beschäftigte, deutete darauf hin, dass Wissen kein passiver Zustand, sondern ein aktiver Prozess ist, im Sinne einer Beziehung zwischen dem Wissen und dem Gewussten (u. a. Piaget & Inhelder, 1993).

In diesem Prozess bzw. durch diese Auseinandersetzung selektiert, interpretiert und konstruiert der Mensch selbst sein Wissen.

Die der materialen Grundposition konträre Auffassung, die formale Bildungstheorie, sieht das Ziel von Erziehung und Bildung in der Entwicklung (bzw. Formung) der Kräfte und Fähigkeiten des Lernenden. Im heutigen pädagogischen Sprachverständnis geht es hier also um die Vermittlung von Schlüsselqualifikationen. Zu ihnen gehören neben der Reflexivität, der Fähigkeit zu Selbständigkeit oder kognitiven Kompetenzen insbesondere Methodenkompetenzen. Sie helfen u. a. folgende Fragen zu beantworten: Wie lerne ich am besten? Wie komme ich am schnellsten an Informationen?

Zu ihnen gehören aber auch Sozialkompetenzen, die zur Lösung der folgenden Fragen befähigen: Wie arbeite ich in einer Gruppe möglichst effektiv zusammen? Wie gehe ich mit sozialen Konflikten um? Welche Qualitäten muss ich als Mitglied einer Gruppe aufweisen? ...

Für die Betonung von Schlüsselqualifikationen spricht auch die fortschreitende Umstrukturierung der schulischen und beruflichen Arbeitsfelder. Hier geht es immer stärker in Richtung selbstgesteuertes Handeln. Dazu sind solche Kompetenzen notwendig.

Schwierig am formalen Bildungsverständnis bleibt allerdings die Vernachlässigung der Bildungsinhalte zugunsten der Schlüsselqualifikationen. Letztendlich geht es wohl um eine Verbindung beider Positionen, denn der eine Ansatz kann nicht existieren ohne den anderen.

Wie sieht es nun aus mit der Anwendbarkeit solcher Vorstellungen für bzw. auf Vorschulkinder? Brauchen wir eventuell einen anderen, erweiterten Bildungs*begriff* für den Elementarbereich?

Dazu erweisen sich drei jüngere Erkenntnisstränge aus unserer Disziplin als geeignet: In den ersten sechs Lebensjahren wird von einer besonderen Bildungsfähigkeit des jungen Menschen ausgegangen. Diese Anschauung wird gerade in letzter Zeit u. a. durch Erkenntnisse von Neurobiologen wieder genährt. Sie verweisen darauf, dass in den frühen Lebensjahren wesentliche Gehirnstrukturen unter bestimmten Entwicklungsbedingungen ausgebaut werden könnten (u. a. Gopnik, Kuhl & Meltzoff, 2001; Singer, 2003). Konsequenterweise sollte man diese Zeit also pädagogisch nutzen, um etwa der Konstruktion von Ideen Auftrieb zu geben, den Aufbau von Orientierungen zu unterstützen, das Entdecken und Forschen zu ermöglichen. Statt der bloßen Vermittlung eines Wissenskanons geht es hier u. a. um die Ermöglichung von Selbstbildungskompetenz, Eigenständigkeit und Gemeinschaftsfähigkeit (Hocke & Eibeck, 2002).

Gleichzeitig wird die Notwendigkeit eines ganzheitlichen Bildungsverständnisses wieder stark in den Vordergrund gerückt, u. a. auch aufgrund der Anregungen von Donata Elschenbroich, die in ihrem Buch ‚Weltwissen der Siebenjährigen' (Elschenbroich, 2001) einen breiten Wissenskanon zur Diskussion stellt und der Bildungsdebatte für den Elementarbereich fruchtbare Anregungen gibt. Auf die Frage, was Siebenjährige können bzw. erfahren haben sollten, führt sie u. a. folgende Beispiele auf:

- In einer anderen Familie übernachten. Mit anderen Familienkulturen in Berührung kommen. Einen Familienbrauch kennen, der nur in der eigenen Familie gilt.
- Eine Sammlung angelegt haben (wollen).
- Auf einen Baum geklettert sein.
- Flüche, Schimpfwörter kennen (in zwei Sprachen). Eine Ahnung von Stilebenen, Sprachkonventionen haben (Wo sagt man was?).

In einem dritten Ansatz wird das Bildungsverständnis in der frühen Kindheit dahingehend erweitert, soziale und konstruktivistische Dimensionen miteinander zu verbinden (Fthenakis, 2002). Ein solcher Zugang betrachtet das Kind von Geburt an in soziale Beziehungen eingebettet und definiert Lernen und Wissenskonstruktion als interaktionalen und ko-konstruktiven Prozess. Der Fokus liegt also auf der Qualität der (pädagogischen) Interaktion mit dem Ziel, pädagogische Leitlinien zu finden. Sie sollten den Interaktionsprozess so gestalten, dass Entwicklung sich überhaupt vollziehen kann.

Alle drei genannten Ansätze deuten darauf hin, dass ein in besonderem Maße förderliches Umfeld vorhanden sein muss, um kindliche Bildungsprozesse anzuregen. Dieses sollte dem sich entwickelnden Kind prinzipielle Kompetenzen zur Eroberung und Erfahrung seiner Umwelt zugestehen und sich bewusst sein, inwiefern unterstützende Tätigkeiten, Interaktionen für die Entwicklung, Wissenserschließung etc. unentbehrlich sind. Auch wird hier deutlich, dass sich die beschriebenen Kompetenzen nicht nur auf kognitive Aspekte beziehen, sondern gerade die Vorteile der sozialen, emotionalen, dinglich-materiellen Erfahrung für die Entwicklung und als Wissensbasis nutzen.

Auf die Ausgangsfrage „Brauchen Vorschulkinder Bildung?" kann konsequenterweise nur die Antwort „Ja" gegeben werden. Allerdings muss beantwortet werden, was unter Bildung verstanden wird bzw. verstanden werden soll. Und hier muss noch einiges an Arbeit investiert werden. Eine Möglichkeit wäre, ein elementarpädagogisches Bildungskonzept als Leitrahmen und Bezugsgröße zu beschreiben. So gewonnene Orientierungsstandards dürften den Charakter von dynamischen Rahmencurricula haben, die sowohl „freie, pluralistische" als auch „geschlossene, geplante" Angebotsaspekte beinhalten können, wie Fried (2003) in Bezug u. a. auf Leu und Preissing (2000) vorschlägt.

Die aktuelle Bildungsdiskussion im Elementarbereich geht zwar zurück auf die Ergebnisse zur PISA-Studie. Sie behandelt aber Fragen und Aspekte zur Bildung, die in der gleichen oder ähnlichen Form bereits vor 30 Jahren gestellt wurden. Insofern ist die gegenwärtige Bildungsdebatte nicht neu. Und neu ist auch nicht, dass dabei vieles auf Mythen und Überzeugungen begründet ist, seltener auf konkrete Fakten Bezug genommen oder auf empirisches Erfahrungswissen zurückgegriffen wird. So lassen sich die meisten bildungspolitischen Forderungen, die in der öffentlichen Debatte mit Berufung auf die PISA-Studie für die Reform des Elementarbereichs erhoben werden, z. B. die Vorverlegung der Einschulung, nicht aus den Ergebnissen der PISA-Studie ableiten.

Die gegenwärtige Bildungseuphorie könnte stattdessen dazu genutzt werden, der Pädagogik der frühen Kindheit die notwendige Aufmerksamkeit und Anerkennung zukommen zu lassen, die sie seit eh und je entbehrt. Dabei dürfen die Fehler der 70er Jahre nicht noch einmal wiederholt werden, indem beispielsweise im Eilverfahren Programme aufgeworfen werden, die schneller in der Praxis verpuffen, als sie entwickelt wurden.

1.1. Literatur

Elschenbroich, D. (2001). Weltwissen der Siebenjährigen. Wie Kinder die Welt entdecken können. München: Kunstmann.

Fried, L. (2003). Einleitung. In L. Fried, S. Roux, A. Frey & B. Wolf (Hrsg.), Vorschulpädagogik (S. 1-15). Baltmannsweiler: Schneider Hohengehren.

Fthenakis, W. E. (2002). Der Bildungsauftrag in Kindertageseinrichtungen: ein umstrittenes Terrain? In Das Online-Familienhandbuch. http://www.familienhandbuch.de./f_Aktuelles/a_Kinderbetreuung/s_739 [27.09.02].

Gopnik, A., Kuhl, P. & Meltzoff, A. (2001). Forschergeist in Windeln. Wie Ihr Kind die Welt begreift (2. Aufl.). Kreuzlingen: Hugendubel.

Hamann, B. (1998). Pädagogische Anthropologie (3. Aufl.). Bad Heilbrunn: Klinkhardt.

Hocke, N. & Eibeck, B. (2002). Bildungsrevolutionen in Deutschland. klein & groß, 1, 6-13.

Leu, H. R. & Preissing, C. (2000). Bedingungen und Formen der Pluralisierung des Angebots von Kindertageseinrichtungen. Zeitschrift für Soziologie der Erziehung und Sozialisation, 20, 132-148.

Mrozynski, P. (1998). Kinder- und Jugendhilfegesetz (SGB VIII). München: Beck.

Piaget, J. & Inhelder, B. (1993). Die Psychologie des Kindes (5. Aufl.). München: Deutscher Taschenbuch Verlag.

Singer, W. (2003). Was kann ein Mensch wann lernen? Ein Beitrag aus Sicht der Hirnforschung. In W. E. Fthenakis (Hrsg.), Elementarpädagogik nach PISA. Wie aus Kindertagesstätten Bildungseinrichtungen werden (S. 67-75). Freiburg: Herder.

2. DIE PISA-STUDIE. GRUNDLAGEN UND KONSEQUENZEN FÜR DEN KINDERGARTEN

STEFANIE EMMERICH & CHRISTINA GEIGER-MEMMER

Die Veröffentlichung der PISA-Studie 2000 (Baumert et al., 2001) machte das Thema Bildung zum Mittelpunkt des Interesses der Medien und der Politik. Seither beschäftigt sich die breite Öffentlichkeit mit der Frage nach den Ursachen für die mangelhaften Ergebnisse deutscher SchülerInnen im Rahmen dieser Studie.

Neben der Proklamation des Bildungsnotstands und dem Ruf nach einer neuen Bildungsreform kommt es zu Schuldzuweisungen von der Politik, von Lehrern, Erziehern und Eltern sowie zu Fehlschlüssen bezüglich der Forderungen, die sich aus der PISA-Studie ableiten lassen.

Obwohl die im Rahmen der PISA-Studie gewonnenen Ergebnisse aus dem Schulsektor stammen, geben sie Anlass zu Überlegungen, welche Bedeutung sie für den Bereich der Vorschulerziehung haben könnten.

Der vorliegende Beitrag fasst einige grundlegenden Aspekte der PISA-Studie zusammen und geht der Frage nach, welche Schlussfolgerungen für den Vorschulbereich gezogen werden können.

2.1. Grundlegende Informationen zur PISA-Studie

PISA steht als Abkürzung für *Programme for International Student Assessment.* Dahinter verbirgt sich eine international standardisierte Leistungsmessung von 15-jährigen SchülerInnen verschiedener Länder, die von der OECD initiiert wurde (vgl. Baumert et al., 2001, S. 17).

Die OECD, zu deutsch *Organisation für Zusammenarbeit und Entwicklung,* existiert seit 1948 und hat sich unter anderem zum Ziel gesetzt, wirtschafts- und sozialpolitische Maßnahmen der verschiedenen Staaten untereinander abzustimmen und sich gegenseitig Informationen zu liefern, die der nationalen Politik nützen können, beispielsweise bezüglich Wirtschaftswachstum und Lebensstandards. Demnach liegt die Zielsetzung der Studie unter anderem darin, den teilnehmenden Ländern den jeweiligen Leistungsstand der SchülerInnen am Ende der Pflichtschulzeit anzuzeigen. Die aus der Studie gewonnenen Daten sollen Auskunft geben über die Leistungs- und Funktionsfähigkeit der nationalen Bildungssysteme, um Hinweise auf mögliche Ressourcen und Indikatoren zur Verbesserung zu erhalten (vgl. Baumert et al., 2001, S. 15).

Die PISA-Studie umfasst drei Erhebungszyklen mit unterschiedlicher Schwerpunktsetzung: Lesekompetenz, mathematische Grundbildung und naturwissenschaftliche Grundbildung. Bei der Messung im Jahre 2000 stand die Lesekompetenz im Mittelpunkt. Im Jahre 2003 wird die mathematische und im Jahre 2006 die naturwissenschaftliche Grundbildung getestet. Neben diesen kognitiven Fähigkeiten werden zu allen Erhebungszeitpunkten fächerübergreifende Kompetenzen erfasst, wie Kooperation und Kommunikation und selbstreguliertes Lernen der SchülerInnen. Nicht zuletzt werden die familiären Hintergründe und Lebensbedingungen der SchülerInnen in die Untersuchung miteinbezogen (vgl. Abb. 1).

Neben diesen drei Etappen erfolgte auch ein nationaler Vergleich zwischen den Bundesländern innerhalb Deutschlands (PISA-E), dessen Ergebnisse ebenfalls bereits veröffentlicht wurden (vgl. Baumert et al., 2002). Weitere Untersuchungen im Rahmen der PISA-Studie beziehen sich auf die Sprachbeherrschung im Deutschen und im Fremdsprachenunterricht (abgekürzt DESI) und auf die Lesekompetenz in Grundschulen (abgekürzt IGLU) (vgl. Baumert et al., 2001).

Abbildung 1: Basisinformationen zu PISA

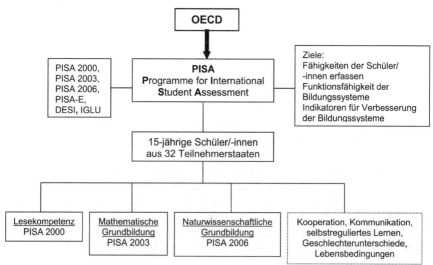

Die PISA-Studie. Grundlagen und Konsequenzen für den Kindergarten 15

2.2. Die Teilnehmer an der PISA-Studie

An der PISA-Studie 2000 waren 28 Staaten der OECD und zudem die Länder Brasilien, Lettland, Liechtenstein und die Russische Föderation beteiligt (Abbildung 2).

Abbildung 2: Teilnehmerstaaten an PISA 2000

Australien	Japan	Polen
Belgien	Kanada	Portugal
Brasilien	Korea	Russische Föderation
Dänemark	Lettland	Schweiz
Deutschland	Liechtenstein	Schweden
Finnland	Luxemburg	Spanien
Frankreich	Mexiko	Tschechische Republik
Griechenland	Neuseeland	Ungarn
Irland	Niederlande	Vereinigtes Königreich
Island	Norwegen	Vereinigte Staaten
Italien	Österreich	

(vgl. Baumert et al., 2001, S. 18)

Insgesamt umfasste die Stichprobe aus den 32 Ländern ca. 180 000 SchülerInnen. Pro Land waren zwischen 4 500 und 10 000 SchülerInnen in die Untersuchung eingebunden.

In Deutschland belief sich die Anzahl der SchülerInnen auf etwa 5 000, wobei für den nationalen Test in Deutschland, PISA-E, die Anzahl auf 50 000 erhöht wurde, um die Daten auf Bundesländerebene vergleichen zu können.

Die Studie bezieht 15-jährige SchülerInnen am Ende ihrer Pflichtschulzeit ein. Dabei spielte es keine Rolle, in welcher Jahrgangsstufe sie sich zu diesem Zeitpunkt befanden. Sämtliche Bildungseinrichtungen (insgesamt 219 Schulen) wurden berücksichtigt, auch Sonderschüler waren nicht ausgeschlossen[3]. Demnach waren die teilnehmenden SchülerInnen aller Länder gleichaltrig, hatten jedoch unterschiedliche Bildungserfahrungen gemacht.

Ausgeschlossen waren Schulen für Behinderte (mit Ausnahme Schulen für Lernbehinderte und Verhaltensauffällige), für Kranke oder Waldorfschulen und ausländische Jugendliche mit zu geringen Deutschkenntnissen.

---

[3] Allerdings belief sich die Zahl der Sonderschüler nur auf 47 von 50 000.

2.3. Die Kompetenzstufen

Um die Leistungen der Schülerinnen und Schüler international vergleichen zu können, wurden die verschiedenen Aufgaben in den Erhebungen je nach Schwierigkeit fünf Kompetenzstufen zugeordnet, wobei die erste Kompetenzstufe dem niedrigsten und die fünfte Kompetenzstufe dem höchsten Schwierigkeitsgrad entspricht. Auch innerhalb einer Kompetenzstufe gibt es demnach Abstufungen in den Anforderungen. Um einer bestimmten Kompetenzstufe zugeordnet zu werden, mussten nicht alle, jedoch eine bestimmte Anzahl der zugehörigen Fragen beantwortet werden.

2.4. Die Ergebnisse der Lesekompetenz

Da PISA 2000 sich schwerpunktmäßig mit den Fähigkeiten der Schülerinnen und Schüler im Lesen befasste, sollen auch hier die Ergebnisse der Lesekompetenz im Vordergrund stehen.

2.4.1. Die Bedeutung von Lesekompetenz in PISA

Die Erhebung der Lesekompetenz in PISA zielte darauf ab zu erfahren, inwieweit die Schülerinnen und Schüler in der Lage sind, sich mit Texten auseinanderzusetzen. *„Lesekompetenz wird in PISA in Einklang mit der Forschung zum Textverstehen ... als aktive Auseinandersetzng mit Texten aufgefaßt"* (Baumert et al., 2002, S. 70).

Um die Aspekte der Lesefähigkeit – das Ermitteln von Informationen, Interpretieren von Texten sowie die Reflexion und Bewertung des Inhalts und der Form – zu testen, mussten die Jugendlichen in PISA 2000 verschiedene Textarten bearbeiten. Dazu gehörten beispielsweise kontinuierliche Texte wie Erzählungen und Beschreibungen und nicht-kontinuierliche wie Diagramme und Tabellen. Der Test bestand sowohl aus Multiple-Choice-Aufgaben als auch aus Fragen, auf die die SchülerInnen selbst eine Antwort formulieren mussten.

Bei den Ergebnissen liefert die Nationenrangliste nur einen Überblick darüber, welchen Rang die Teilnehmerstaaten im internationalen Vergleich belegen.

2.5. Die Verteilung der Ergebnisse auf die Kompetenzstufen

Um nachvollziehen zu können, weshalb Deutschland im Vergleich nur den 21. Platz belegt, muss die Verteilung der SchülerInnen auf die einzelnen Kompetenzstufen näher betrachtet werden.

In Abbildung 3 wird deutlich, dass fast 10% der deutschen SchülerInnen die erste Kompetenzstufe nicht erreichten.

Abbildung 3: Ergebnisse der Lesekompetenz in Deutschland

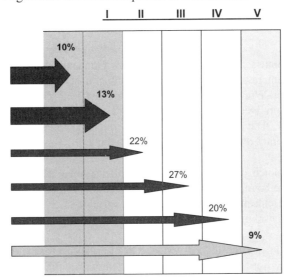

(vgl. Baumert et al., 2001, S. 103)

Deutschland liegt damit unter dem OECD-Durchschnitt von 6%. Von diesen 10% Jugendlichen sind 47% (und ihre Eltern) in Deutschland geboren, etwa zwei Drittel männlichen Geschlechts, 50% besuchen die Sonderschule, 34% die Hauptschule.

Weitere 13% der SchülerInnen kamen nicht über die Stufe 1 hinaus, die in etwa Grundschulniveau entspricht, womit insgesamt fast ein Viertel (23%) der getesteten 15-Jährigen in ihrer Lesekompetenz über dieses Grundschulniveau nicht hinaus kommt! Die Verteilung auf die jeweiligen Schularten wird aus Abbildung 4 ersichtlich.

Abbildung 4: Deutsche SchülerInnen unter Kompetenzstufe I nach Schulart

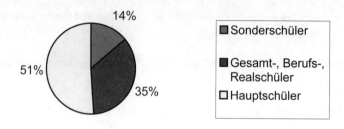

Auch die Ergebnisse der einzelnen deutschen Bundesländer in PISA-E können dieses Bild nicht revidieren. Von ihren Leistungen her lagen vier Bundesländer (Bayern, Baden-Württemberg, Sachsen, Rheinland-Pfalz) über dem Gesamtdurchschnitt von Deutschland, wovon jedoch nur Bayern den OECD-Durchschnitt übertraf. Alle anderen Bundesländer erzielten schlechtere Leistungen und blieben damit unter dem deutschen Gesamtergebnis.

Im Ländervergleich der Lesekompetenz wird der hohe Anteil an SchülerInnen deutlich, die die Kompetenzstufe I nicht erreichten. Bei sieben von vierzehn Bundesländern in Deutschland macht diese Risikogruppe über 25% aus, während sie im OECD-Durchschnitt nur 18% beträgt.

Mit Hilfe der unten angeführten Aufgabe zur Lesekompetenz (Abbildung 5) soll veranschaulicht werden, welche Anforderungen die teilnehmenden SchülerInnen auf der zweiten Stufe beispielsweise zu erfüllen hatten. Das Beispiel gehört in der Lesekompetenz zu der Subkategorie „Informationen ermitteln". Die SchülerInnen mussten, um zur richtigen Lösung zu gelangen, sowohl Informationen aus dem Text, als auch aus dem Schaubild miteinander verknüpfen.

Die PISA-Studie. Grundlagen und Konsequenzen für den Kindergarten 19

Abbildung 5: Beispielaufgabe zur Lesekompetenz

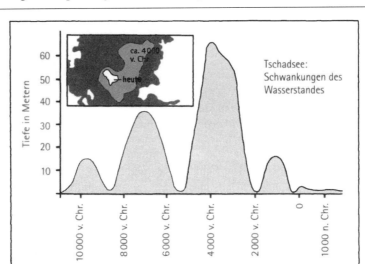

Abbildung 1

Abbildung 1 zeigt Schwankungen des Wasserstandes des Tschadsees in der Sahara in Nordafrika. Während der letzten Eiszeit, etwa 20 000 v. Chr., verschwand der Tschadsee vollständig. Um etwa 11 000 v. Chr. entstand er wieder neu. Heute hat er etwa den gleichen Wasserstand wie im Jahre 1 000 n. Chr.

Wie tief ist der Tschadsee heute?

a. Etwa zwei Meter

b. Etwa fünfzehn Meter

c. Etwa fünfzig Meter

d. Er ist vollständig verschwunden

e. Diese Information wird nicht gegeben

(vgl. Baumert et al., 2001, S. 529)

Betrachtet man nun die Leistungen auf der Stufe V, befindet sich Deutschland mit fast 9% knapp unter dem OECD-Durchschnitt von 9.5%. Doch auch hier gibt es einige Länder, wie z. B. Finnland und Neuseeland, in denen beinahe doppelt so viele SchülerInnen den Anforderungen der fünften Kompetenzstufe entsprachen.

Von besonderer Bedeutung jedoch ist, dass in keinem anderen Land die Streuung, d. h. der Abstand zwischen den 5% besten und den 5% schwächsten Leistungen so groß ist wie in Deutschland.

Ähnlich sehen die Ergebnisse in der mathematischen und naturwissenschaftlichen Grundbildung aus: die Leistungen sind breit gestreut und einer kleinen Spitzengruppe steht der große Teil derjenigen SchülerInnen gegenüber, die dem curricularen Standard nicht genügten.

Dabei ist davon auszugehen, dass Schülerinnen und Schüler, die Schwierigkeiten haben, wichtige Informationen aus einem Text zu ermitteln und miteinander zu verknüpfen, ebenso wenig die relevanten Aspekte in einer mathematischen oder naturwissenschaftlichen Aufgabenstellung erkennen können. Dies unterstreicht den grundlegenden Stellenwert der Lesekompetenz für sämtliche Bildungsbereiche.

2.6. Faktoren, die die Lesekompetenz beeinflussen

Um direkte Rückschlüsse für den Bereich der Vorschulerziehung ziehen zu können, muss zunächst ein Blick auf diejenigen Faktoren geworfen werden, die für eine gute oder mangelhafte Lesekompetenz mitverantwortlich gemacht werden können.

PISA selbst beschäftigte sich deshalb auch mit der Frage nach Zusammenhängen zwischen festgestellter Lesekompetenz und Geschlecht, sozialer Herkunft und Migrationshintergrund der getesteten SchülerInnen. Die Ergebnisse lassen sich wie folgt zusammenfassen:

Für den Erwerb von Lesekompetenz ist zunächst das Interesse an Büchern bzw. die Motivation zum Lesen von vorrangiger Bedeutung. Hierbei spielt das Elternhaus als Ort familiärer Lesesozialisation eine nicht zu unterschätzende Rolle. In Familien, in denen die Eltern die Beschäftigung mit Büchern oder Zeitungen vorleben, haben auch die Kinder häufiger ein größeres Interesse am Lesen. In diesem Zusammenhang wird auf die besonders wichtigen Lernerfahrungen hingewiesen, die beim Zeigen und Vorlesen von Kinderbüchern schon ab dem Kleinstkindalter stattfinden sollten und die in besonderem Maße neben der Kommunikationsfähigkeit auch die spätere Lesekompetenz fördern.

Die PISA-Studie. Grundlagen und Konsequenzen für den Kindergarten

Laut PISA ist das Interesse deutscher SchülerInnen an Büchern eher gering, vor allem bei den Schülern männlichen Geschlechts. So gaben z. B. 42% der deutschen Schülerinnen und Schüler an, nicht zum Vergnügen zu lesen (Baumert et al., 2002, S. 116).

Insgesamt sind im Vergleich zu den Schülerinnen die Ergebnisse männlicher Schüler schlechter. So sind beispielsweise zwei Drittel der SchülerInnen, die nicht die Kompetenzstufe I erreichten, Jungen.

Bei der Betrachtung der Ergebnisse in Bezug auf Migrationshintergründe ist zunächst zu erwähnen, dass 78.3% der getesteten Jugendlichen aus Familien ohne Migrationsgeschichte stammen.

In Deutschland stellen deutschstämmige Aussiedler aus Rumänien, Polen und Ländern der ehemaligen Sowjetunion den zahlenmäßig höchsten Anteil an Migranten dar. Die betroffenen Kinder wurden meist im Herkunftsland geboren. Danach kommen die Arbeitsmigranten aus süd- und südosteuropäischen Ländern, deren Kinder größtenteils von Geburt oder vom Kindergartenalter an in Deutschland leben und die Gruppe der Bürgerkriegsflüchtlinge und Asylbewerber. Die kleinste Gruppe sind Familien, die sich aus beruflichen Gründen in Deutschland aufhalten.

Ein direkter Vergleich mit anderen Ländern ist aufgrund dieser typischen Struktur Deutschlands wenig sinnvoll, da beispielsweise England oder Frankreich vorwiegend Zuwanderer aus ehemaligen Kolonialstaaten haben, die somit meistens schon die Landessprache beherrschen. Auch Kanada oder Neuseeland sind aufgrund ihrer speziellen Einwanderungspolitik nicht vergleichbar mit den deutschen Verhältnissen. Erschwerend kommt hinzu, dass insbesondere die Gruppe der türkischen und jugoslawischen Familien in Deutschland sehr homogen im eigenen Familienverbund leben und oftmals schlecht integriert sind.

Betrachtet man nun die Gruppe derjenigen, die die Kompetenzstufe I nicht erreichten unter dem Aspekt des Migrationshintergrundes, ist zu sehen, dass mehr als 70% schon seit dem Kindergartenalter deutsche Bildungseinrichtungen besuchten. 47% dieser Jugendlichen (und beide Elternteile) sind in Deutschland geboren und mit deutsch als Umgangssprache aufgewachsen. 36% sind im Ausland geboren und zumindest einer ihrer beiden Elternteile stammt nicht aus Deutschland und 17% sind in Deutschland geboren, wobei mindestens ein Elternteil im Ausland geboren wurde. Bei der Hälfte der Familien mit Migrationshintergrund ist die Umgangssprache deutsch.

Im Vergleich kommen Migrantenkinder etwas häufiger nicht über die Kompetenzstufe I, wenngleich aus diesem Ergebnis nicht abgeleitet werden kann, dass SchülerInnen mit Migrationshintergrund bei der Lesekompetenz grundsätzlich schlechter abschneiden. Hier sei nochmals eindrücklich darauf hingewiesen, dass die schlechten Ergebnisse Deutschlands in der PISA-Studie nicht einfach auf den Anteil ausländischer SchülerInnen zurückzuführen sind. Dies ist ein Fehlschluss, der (leider) in der öffentlichen Debatte um die Gründe für das schlechte Abschneiden Deutschlands immer wieder zu vernehmen war. Eine solche Erklärung ist unzureichend und wird der Komplexität der Studie nicht gerecht.

Neben dem Migrationshintergrund spielt die soziale Herkunft und das damit einhergehende Bildungsniveau eine nicht zu unterschätzende Rolle, insbesondere aufgrund dessen, dass die häusliche Umgebung einen beträchtlich Einfluss auf den Schriftspracherwerb ausübt.

Ein erheblicher Teil der Jugendlichen, die die Kompetenzstufe I nicht erreichten, stammt aus Familien mit Migrationsgeschichte **und** niedrigem sozialen Status. Jedoch ist nicht der Migrationshintergrund selbst der entscheidende Faktor bei mangelnder Lesekompetenz, sondern die unzureichende Beherrschung der deutschen Sprache.

Für die Bildungsbeteiligung, das heißt die Verteilung der SchülerInnen auf verschiedene Schularten, bedeutet dies, dass die Sprachbeherrschung von größerer Bedeutung ist als die Sozialschicht oder Kulturzugehörigkeit der Jugendlichen, denn grundsätzlich unterscheidet sich die Bildungsbeteiligung von Jugendlichen aus deutschen und gemischten Ehen wenig.

Infolge dieser Zusammenhänge stellen laut PISA (männliches) Geschlecht, Migrationshintergrund, Bildungsniveau und niedriger sozialer Status Risikofaktoren dar, die in ihrer jeweiligen Kombination als Ursachen für mehr oder minder gute Leistungen bezüglich der Lesekompetenzen genannt werden können (Abbildung 6) (vgl. Baumert et al., 2002, S. 401).

Abbildung 6: Risikofaktoren für mangelnde Lesekompetenz

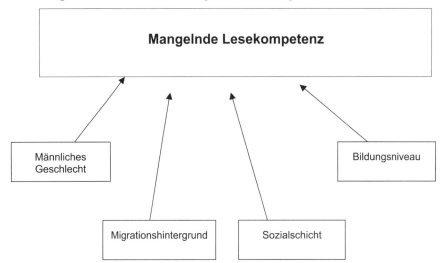

2.7. Schlussfolgerungen für den Vorschulbereich

Die Relevanz der PISA-Studie für die Vorschulerziehung ergibt sich weniger aus der direkten Betrachtung der Test-Ergebnisse als aus den in ihr dargestellten Zusammenhängen zwischen Lesekompetenz und den oben genannten Faktoren.

Die grundlegende Bedeutung der Lesekompetenz für Bereiche des alltäglichen Lebens wird in der PISA-Studie (vgl. Baumert et al., 2001, S. 69ff.) ausdrücklich betont. Über die Schrift werden Informationen und Ideen, Wertvorstellungen und kulturelle Inhalte vermittelt, wodurch Lebensbereiche erschlossen werden, die Voraussetzung sind für die Teilhabe an sozialen und kulturellen Gütern einer Gesellschaft. Besonders hervorzuheben ist das Informationslesen (z. B. eine Bauanleitung oder Kochrezepte) und das Lesen zur Wissenserweiterung. Beides ist grundlegend für das lebenslange Lernen.

Die Relevanz des Lesens bezüglich schulischem und beruflichem Erfolg bestimmt das spätere Einkommen und den individuellen Lebensstandard. Mangelnde Sprach- bzw. Lesekompetenz bedeutet somit auch einen Chancennachteil für die betroffenen SchülerInnen.

Um Vermutungen anzustellen über mögliche Veränderungen, die in der Folge von PISA in der Elementarerziehung diskutiert werden können, soll zunächst ein

Blick auf die momentanen institutionellen Rahmenbedingungen geworfen werden.

Der Elementarbereich ist in Deutschland traditionell der Jugendhilfe zugeordnet (In der ehemaligen DDR unterstand er dem Bildungsbereich.) Demzufolge steht die Aufgabe der Betreuung und Pflege gegenüber der Bildungsaufgabe stärker im Vordergrund.

Folgende Nachteile ergeben sich aus dieser Zuordnung: Das im Verhältnis zur (universitären) Qualifizierung des Schulpersonals niedrigere Ausbildungsniveau und die schlechtere Bezahlung der ErzieherInnen, die Kostenpflicht für einen Kindergartenplatz und, damit einhergehend, die mangelnde gesellschaftliche Anerkennung des Bildungsauftrags und das geringere Ansehen der Erzieherinnen.

Im Vergleich zu anderen Ländern, wie beispielsweise Finnland oder Großbritannien, in denen der vorschulische Bereich dem Bildungssystem zugehört, beginnt in Deutschland Bildung somit erst ab dem Schuleintrittsalter. Demnach werden Bildungsressourcen, die während der ersten sechs Lebensjahre eines Kindes vorhanden sind, nicht optimal genutzt.

Dem gegenüber stehen Befunde, dass „ ... *schon im Vorschulalter die Weichen für den Schriftspracherwerb gestellt werden"* (Schneider, 2001, S. 30). Somit deuten auch die Ergebnisse der PISA-Studie bezüglich der schlechten Lesekompetenz deutscher Schüler darauf hin, dass frühzeitige Förderungsprogramme schon vor Eintritt in die Grundschule einen wichtigen Beitrag zur Intervention von Lese- und Rechtschreibproblemen leisten könnten.

Ein solches Förderprogramm stellt beispielsweise das „Würzburger Modell" dar (Küspert & Schneider, 2000). Es zielt auf die Förderung der phonologischen Bewusstheit ab, der eine besondere Bedeutung beim Schriftspracherwerb zugeschrieben wird. Phonologische Bewusstheit meint die Fähigkeit eines Kindes, Wörter, Silben und Laute der gesprochenen Sprache erkennen und unterscheiden zu können. Das Programm beinhaltet Übungseinheiten, beispielsweise Reimspiele, die aufeinander aufbauen. Diese können von ErzieherInnen in Kleingruppen von 4-8 Kindern im letzten Kindergartenjahr durchgeführt werden. Der Zeitraum beträgt dabei etwa 6 Monate bei einer täglichen Dauer von 10 bis 15 Minuten. In verschiedenen Studien konnte nachgewiesen werden, dass dieses Training, gerade bei Kindern mit einem Risiko zu Lese- und Rechtschreibschwächen, zu positiven Effekten führt (vgl. Schneider, 2001). Somit stellt das Würzburger Trainingsprogramm **eine** Möglichkeit eines praxistauglichen Konzepts dar, das,

Die PISA-Studie. Grundlagen und Konsequenzen für den Kindergarten 25

ohne die Lernziele- und inhalte der Grundschule vorweg nehmen zu wollen, Grundlagen für die späteren Lernprozesse schaffen kann. Da es momentan in vielen Einrichtungen eingeführt und angewendet wird, sind weitere Erkenntnisse über seine Bewährung in der Praxis abzusehen.

Aufgrund der Erfahrungen aus der Funktionspädagogik der 70er Jahre des 20. Jahrhunderts mit den so genannten „Vorschulmappen", die vor allem auf kognitive Lernprozesse abzielten und nicht den erhofften Erfolg brachten, können in der Diskussion um zukünftige Bildungskonzepte Vorbehalte eingebracht werden, die sich vor allem gegen eine Verschulung richten.

Wenngleich die PISA-Studie anderen Ländern bessere Ergebnisse bescheinigte als dem deutschen Schulsystem, kann dies nicht voreilig als eindeutiges Indiz gewertet werden, dass deren Vorschulsystem besser als das unsrige ist. Daher können solche Modelle (z. B. die französische „école maternelle") nicht einfach ungeprüft übernommen werden. Allerdings können die direkten Ländervergleiche Anregungen und Ideen liefern. Diese müssen jedoch für deutsche Voraussetzungen angepasst werden.

Derzeit bemühen sich beispielsweise die Bundesländer Bayern und Rheinland-Pfalz um die Erstellung von Rahmencurricula für den Kindergarten. Ein solcher Ansatz ist richtig und gut. Die Schwierigkeiten dabei liegen darin, inwiefern verbindliche (Lern-)Ziele den unterschiedlichen Situationen von Kindertageseinrichtungen bezüglich personeller, institutioneller und organisatorischer Aspekte gerecht werden können. Zum Beispiel steht eine Kindertagesstätte im sozialen Brennpunktgebiet mit einem hohen Anteil ausländischer Kinder vor einer völlig anderen Ausgangssituation wie der Kindergarten einer kleinen ländlichen Ortsgemeinde. Das Spannungsfeld zwischen verbindlichen Vorgaben und dem nötigen Freiraum zur individuellen Ausgestaltung solcher Rahmencurricula erfordert auch zukünftig neue, innovative Ideen und Gedankenansätze. Weitere Forschung zu diesem Problemfeld ist nötig.

Im Zuge der Diskussionen um die PISA-Ergebnisse wurde denn auch die Frage nach dem Stand und der Qualität der Erzieherinnenausbildung aufgeworfen. Eine Anhebung der Ausbildung auf Hochschulniveau könnte Ansehen und Bezahlung verbessern. Ob sie jedoch letztendlich die Qualität der Einrichtungen beeinflusst, ist in Frage zu stellen. Daneben bestehen die Schwierigkeiten der Finanzierung einer solchen Umstrukturierung. Tatsache ist, dass in fast allen anderen an der PISA-Studie teilnehmenden Staaten die Erzieherinnenausbildung dem universitären Bildungssystem untersteht.

Die Verantwortung für die in PISA nachgewiesenen Mängel deutscher Schüler und Schülerinnen kann jedoch nicht alleine den ErzieherInnen oder LehrerInnen zugeschrieben werden. Auch die Bedeutung der Eltern sollte berücksichtigt werden, verweist PISA doch eindeutig auf Zusammenhänge zwischen sozialer Herkunft und Lesekompetenz: „ ... *dass in Deutschland im Vergleich zu allen anderen OECD-Staaten die soziale Lage der Herkunftsfamilie den stärksten Effekt auf die gegen Ende der Vollzeitschulpflicht erreichte Lesekompetenz hat"* (Baumert et al., 2002, S. 389). Der frühen familiären Lesesozialisation kommt hierbei eine wichtige Rolle zu (Baumert et al., 2002, S. 73ff.).

PISA 2000 gibt selbst keine konkreten Lösungsvorschläge vor. Die aus ihr gewonnenen Ergebnisse legen jedoch nahe, dass z. B. der Förderung von Sprachkompetenz auch schon **vor** dem Eintritt in die Grundschule eine erhebliche Bedeutung zukommt.

„Insgesamt weisen die Befunde darauf hin, dass in Deutschland die gezielte und frühzeitige Identifikation und Förderung von schwachen Lesern zu einer erheblichen Verkleinerung der potenziellen Risikogruppe am Ende der Vollzeitschulpflicht führen könnten" (Baumert et al., 2001, S. 401).

Den für das Kleinkindalter zuständigen Betreuungsinstitutionen kommt demnach eine besondere Rolle als Bildungseinrichtung zu, die bisher trotz der Zuordnung als Elementarstufe des Bildungssystems (Deutscher Bildungsrat, 1970) unterschätzt wurde.

PISA unterstreicht somit die Notwendigkeit zukünftiger Reformen im Vorschulbereich und macht deutlich, welche Verantwortung der Kleinst- und Kleinkindbetreuung zukommt. Wenngleich konkrete Maßnahmen derzeit noch nicht getroffen wurden, so schuf die Veröffentlichung der PISA-Ergebnisse eine Diskussionsgrundlage, um auf längst hinfällig gewordene Reformen aufmerksam zu machen.

2.8. Literatur

Baumert, J., Klieme, E., Neubrand, M., Prenzel, M., Schiefele, U., Schneider, W., Stanat, P., Tillmann, K.-J. & Weiß, M. (Hrsg.). (2001). PISA 2000: Basiskompetenzen von Schülerinnen und Schülern im internationalen Vergleich. Opladen: Leske + Budrich.

Baumert, J., Artelt, C., Klieme, E., Neubrand, M., Prenzel, M., Schiefele, U., Schneider, W., Tillmann, K.-J. & Weiß, M. (Hrsg.). (2002). PISA 2000 – Die

Länder der Bundesrepublik Deutschland im Vergleich. Opladen: Leske + Budrich.

Hebenstreit-Müller, S. & Müller, B. (2002). Warum Kitas in Deutschland noch keine Bildungseinrichtungen sind. klein & groß, 2-3, 12-15.

Schneider, W. (2002). Zur Bedeutung vorschulischer (meta-)sprachlicher Fähigkeiten für den Schriftspracherwerb: Möglichkeiten der frühen Diagnose und Förderung. Bayerische Schule, 12, 445-449.

www.mpib-berlin.mpg.de/pisa/ergebnisse.pdf [28.08.2003].

www.mpib-berlin.mpg.de/pisa/PISA_E_Zusammenfassung2.pdf [28.08.2003].

2.9. Weiterführende Literatur

Arbeitsstab Forum Bildung (2001). Empfehlungen des Forum Bildung. Bonn: Forum Bildung.

Artelt, C., Schiefele, U., Schneider, W. & Stanat, P. (2002). Leseleistungen deutscher Schülerinnen und Schüler im internationalen Vergleich (PISA). Zeitschrift für Erziehungswissenschaft, 5, 1, 6-27.

Berthold, E. (2002). Ein Bildungsplan für die Zukunft. klein & groß, 4, 6-14.

Elschenbroich, D. (2001). Weltwissen der Siebenjährigen. Wie Kinder die Welt entdecken können. München: Kunstmann.

Esser, B. u. a. (2002). Gute Noten, schlechte Noten. Focus, 25/2002.

Gaschke, S. (2002). Lesen, lesen, lesen. Universitas, 57, 7, 666-682.

Gopnik, A., Kuhl, P. & Meltzoff, A. (2001). Forschergeist in Windeln: Wie Ihr Kind die Welt begreift. Kreuzlingen: Hugendubel.

Ochmann, F. & Schels, W. (2002). So entsteht das Ich. Stern, 25/2002.

Rosebrock, C. (2002). Schlüsselkompetenz in der Mediengesellschaft. Universitas, 57, 7, 683-893.

Sachse, K. (2002). Große Ziele für kleine Personen. Focus, 22/2002.

Spiegel special (2002). Lernen zum Erfolg. Was sich an Schulen und Universitäten ändern muss, 3/2002.

Zimmer, R. (2002). PISA – Chance für den Kindergarten! Kindergarten heute, 32, 3, 14-15.

3. VORSCHULKONZEPTIONEN IM WANDEL – WAS WAR, WAS IST, WAS KOMMT?

SUSANNA ROUX

Die pädagogische Arbeit in Kindergärten wird u. a. bestimmt durch Vorschulkonzeptionen. Eine erste „Hochzeit" erlebten Vorschulkonzeptionen Ende der 60er bzw. Anfang der 70er Jahre des letzten Jahrhunderts, als die damalige Bildungsreform eine tief greifende inhaltliche Neuorientierung der pädagogischen Praxis auslöste.

Der folgende Beitrag zeichnet einen Überblick zu den wesentlichsten konzeptionellen Richtungen der Vorschulpädagogik seit Kriegsende. Dies sind pädagogische Orientierungen im Rahmen *traditioneller Erziehung* im Kindergarten, *funktionsorientierte Ansätze* aus der ersten Phase der Bildungsreform Ende der 60er bzw. Anfang der 70er Jahre, *sozialisationsorientierte Ansätze*, die Mitte der 70er bis in die 80er Jahre die frühpädagogische Szene bestimmten und schließlich *neuere*, u. a. offene, *Kindergartendidaktiken*, die seit den 80er Jahren praktiziert werden.

3.1. Was sind Vorschulkonzeptionen?

Obwohl die Orientierung an einem pädagogischen Verständnis zu den zentralen Themen der Frühpädagogik zählt, gibt es – abgesehen von wenigen Ausnahmen (z. B. Fthenakis & Textor, 2000; Huppertz, 1998) – kaum aktuelle Überblicksliteratur dazu.

In einem *engeren* Verständnis bezeichnet der Begriff Vorschulerziehung, der den Begriff Vorschulkonzeption mit einschließt, „ ... eine kürzere, unmittelbar schulvorbereitend orientierte Förderung vor Beginn der Schulpflicht" (Tietze, 2001, S. 1 590). Dieses Verständnis wurde populär in einer Phase der pädagogischen Orientierung auf und an schulischen Lernzielen und Lerninhalten. Gleichzeitig grenzte er die frühpädagogische Arbeit stark auf schulische Inhalte ein.

In einem weiteren Verständnis umfasst er „ ... die Erziehung 3- bis 6-jähriger Kinder in pädagogischen Institutionen mit einem eigenständigen, nicht mehr durch die Schule vordefinierten Erziehungskonzept" (Tietze, 2001, S. 1 590). Insofern ist der Begriff auf das Gesamt der pädagogischen Fragen und Handlungsfelder bezogen.

Eine andere Definition betont dagegen den zeitlichen Aspekt in Bezug auf die konkrete inhaltliche Orientierung des jeweiligen Konzepts: „Ein pädagogischer Ansatz ist ein definiertes System pädagogischer Überzeugungen, das historisch entstanden ist, sich bewusst von anderen Ansätzen absetzt und Konsequenzen für eine professionelle pädagogische Praxis formuliert" (Knauf, 2003, S. 244).

Definiert man den Begriff Vorschulkonzeptionen in einem weiteren Verständnis, können die Bezeichnungen, „pädagogische Ansätze", „pädagogische Richtungen" oder „Vorschulcurricula" als Synonyme des Begriffs verstanden werden. In diesem Sinne soll er auch in den folgenden Ausführungen Anwendung finden. Wenn dabei der ältere Begriff „Vorschulkonzeptionen" gebraucht wird, wird der Fokus bewusst auf die bildungsbezogenen Anteile der vorschulischen Erziehung gelegt, die gerade nach PISA wieder im öffentlichen Interesse stehen und in diesem Beitrag leitend für die Erörterungen sein sollen.

3.2. Bestimmungsmerkmale von Vorschulkonzeptionen

Richtungsweisend für die jeweilige Vorschulkonzeption ist das zugrunde liegende übergreifende Bildungsverständnis, das als Fundament des jeweiligen pädagogischen Handelns des Einzelnen gesehen werden kann (u. a. Knauf, 2003). Es setzt sich aus mehreren unterschiedlichen Aspekten zusammen, die letztlich das pädagogische Tun des Einzelnen bestimmen.

Hier ist zunächst das jeder Vorschulkonzeption zugrunde liegende *Menschen- bzw. Kindbild* zu nennen. Wie wird das sich entwickelnde Kind definiert? Ist es eher „unmündiger Zögling", „biologisch-festgelegter Noch-Nicht-Erwachsener", „selbständig und autonom handelndes Individuum", „schutz- und erziehungsbedürftiger Minderjähriger" ... ?

Auch die Vorstellungen zum Prozess kindlichen *Lernens* und kindlicher *Entwicklung* bestimmen maßgeblich die pädagogische Haltung. Werden Lernvorgänge eher über von außen gesetzte Anreize initiiert gesehen? Dies würde einen pädagogischen Optimismus stützen, der von einem großen Einfluss der Pädagogen auf Kinder ausgeht. Oder werden Lernvorgänge eher als selbständige Verarbeitungsergebnisse definiert? Der pädagogische Einfluss wird hier als eher nebensächlich angesehen und es genügt, ein pädagogisch anregendes Umfeld zu arrangieren.

Solche Grundüberlegungen sowie u. a. die Frage, welche kulturellen Ziele mit der Arbeit verfolgt werden, bestimmen auch die *Inhalte*, die in der täglichen pädagogischen Arbeit zum Tragen kommen. Was biete ich den Kindern an? Welche Themen können, sollen, wollen Kinder angehen? Inwiefern stützen bzw. hemmen Erzieherinnen die inhaltliche Auseinandersetzung im Kindergarten? ...

Weiterhin ergeben sich daraus die spezifischen *Methoden* und die *Didaktik* sowie die Auswahl bestimmter Materialien. So macht es beispielsweise einen Unterschied, ob eine Erzieherin die Betonung auf Eigenverantwortlichkeit und Selbständigkeit in der kindlichen Erziehung legt oder etwa auf Pflichtbewusstsein und Gehorsam. Oder ob sie die Einzigartigkeit und Unabhängigkeit (die Individualität) oder eher das soziale Verhalten (die Soziabilität) des Kindes/der Kinder in den Blick nimmt. Zur Erreichung dieser Ziele sind unterschiedliche Ansätze denkbar.

Nicht zuletzt konkretisieren sich in verschiedenen Vorschulkonzepten zentrale *Ziele* der pädagogischen Arbeit, die sich je wieder durch die Basisvorstellungen und -annahmen ergeben. So können individuenzentrierte Ziele im Vordergrund stehen, wie z. B. das Wecken und Fördern möglichst vielfältiger Lernpotenziale und Bildungsinteressen des Kindes. Oder aber soziale Ziele stehen im Zentrum, wie die Sozial- und Gesellschaftsfähigkeit des Kindes. Schließlich könnte der Blick auch auf die nachfolgenden Bildungsanforderungen gerichtet sein, indem das Ziel angestrebt wird, das Kind bis zum Ende seiner Kindergartenzeit möglichst „schulfähig" zu machen.

Ein weiterer Aspekt ist, dass Vorschulkonzeptionen nicht jederzeit gleich gut „wirken". Sie sind abhängig von historisch-zeitlichen Bedingungen. Den einzelnen Konzepten werden zu verschiedenen Zeiten jeweils unterschiedliche Bedeutung, ein unterschiedlicher gesellschaftlicher Stellenwert zugeschrieben. Dies ist abhängig von gesellschaftlichen Rahmenbedingungen und eventuell historisch gewachsenen Strukturen. Dies kann sich rasch ändern. Die letzten dreißig Jahre der Vorschulpädagogik, die im Folgenden im Zentrum stehen sollen, sind das beste Beispiel solcher Überlegungen. Vorschulkonzeptionen sind also auch nicht starr, sondern dynamisch, wandelbar.

Bislang gibt es in Deutschland kein allgemein anerkanntes und verbindliches vorschulisches Bildungsverständnis bzw. keinen einheitlichen vorschulischen Bildungsbegriff. Wie bereits erwähnt, überwiegt die Orientierung an einem *ganzheitlichen* Bildungsverständnis. Vorschulische Bildung umfasst danach die pädagogische Förderung, Unterstützung bzw. Begleitung von kognitiven, emotionalen, sozialen, sprachlichen und motorischen Fähigkeiten eines Kindes bis zum Schuleintritt. Die Besonderheit im Kindergartenbereich liegt nun vor allem darin, dass diese vorschulische Bildungsarbeit im Rahmen sozialer Interaktionen stattfindet. Dies unterscheidet sie von der Schulpädagogik, wo zwar auch soziale Elemente Berücksichtigung finden, aber der Hauptaugenmerk auf der Förderung der individuellen Leistungen liegt. Insofern sind in der Schule eher Aspekte wie Qualifikation und Selektion handlungsleitend für die Gestaltung des Unterrichts, während die Aufgaben der vorschulischen Erziehung in der Sozialisation, der Förderung der ganzheitlichen kindlichen Entwicklung oder der Entwicklung der Basiskompetenzen zu finden sind.

3.3. Zur Entwicklung unterschiedlicher Vorschulkonzeptionen von der Nachkriegszeit bis in die Gegenwart

Um die Entwicklung der unterschiedlichsten konzeptionellen Ansätze im Kindergartenbereich nachvollziehen zu können, ist es notwendig, sich die jeweiligen Einflussfaktoren bewusst zu machen. Dies sind z. B. die gesellschaftlichen Rahmenbedingungen, die bestimmenden wissenschaftlichen Erkenntnisse der jeweiligen Zeit, die eingesetzten Methoden und Materialien, das zugrunde liegende Bildungsverständnis, die jeweiligen Schlagwörter.

3.4. Nachkriegsjahre bis Mitte der 60er Jahre

Die Nachkriegsjahre waren auch im Bereich der vorschulischen Erziehung zunächst durch den Wiederaufbau und die Instandsetzung kriegsbedingt zerstörter Einrichtungen und Strukturen geprägt. Auch inhaltlich knüpfte man an Altbewährtem an (Neumann, 1987). Die Fröbelschen Traditionen der Weimarer Zeit wurden wieder aufgenommen, verbunden mit bürgerlich-traditionellen und konfessionell ausgerichteten Orientierungen.

Im pädagogischen Verständnis wurde der Kindergarten als Schonraum verstanden, in dem „Behütung" und „Pflege" im Vordergrund der pädagogischen Arbeit standen. Eine Atmosphäre der Wärme und Behaglichkeit sollte geschaffen werden. Dem lag ein *statisches Bildungsverständnis* zugrunde, das davon ausging, dass Fähigkeiten einer Person eher angeboren denn erworben seien. Die pädagogische Einflussnahme begrenzte sich demgemäß überwiegend auf eine sichere Gestaltung der pädagogischen Umwelt und die pflegerische Unterstützung. Überzeugt davon, dass eine innerliche Reifung für die frühkindliche Entwicklung zuständig sei, – wir sprechen hier vom Reifungskonzept, das diesen Ideen zu Grunde lag – wurden an die Erzieherin keine bzw. kaum Forderungen nach Beeinflussung der kindlichen Entwicklung herangetragen. Die Konsequenz solcher Ideen war z. B. dass körperliche Merkmale, wie die Körpergröße, als Indiz für die Schulreife angesehen wurden. In dieser „Bewahrpädagogik" wirkten denn auch die Erzieherinnen häufig stark lenkend und bestimmten weit gehend den Alltag in den Gruppen. Es wurden keine besonderen Maßnahmen zur Förderung der Kinder ergriffen.

Die strukturellen Bedingungen der Nachkriegszeit sowie die dargelegten inhaltlichen Überzeugungen hatten zudem einschneidende Folgen für die pädagogische Praxis. So waren die Fachkräfte oft, – wenn überhaupt – nur mangelhaft ausgebildet und es herrschte vielerorts eine ungenügende räumlich-materielle Ausstattung (u. a. Neumann, 1987). Schließlich vermehrten sich die Stimmen derer, die eine „kulturelle Vernachlässigung" der Kinder prophezeiten und den Vorwurf der „inaktiven Betreuungspädagogik" einbrachten. Gleichzeitig wurden Informationen zur besonderen Lernfähigkeit in den ersten Lebensjahren (vor allem aus Amerika) bekannt. Dies alles stellte die Weichen für die Bildungsreform, die in der Folge die Frühpädagogik nachhaltig bestimmen sollte.

3.5. Funktionsorientierte Ansätze (ca. 1969-1973)

Am Vorabend der Bildungsreform Mitte der 60er Jahre befand sich Deutschland in einer Phase des Wachstums und Aufbruchs. Die expandierende Wirtschaft benötigte dringend gut ausgebildete Fachkräfte, um international konkurrenzfähig zu sein. Gleichzeitig versetzte der so genannte Sputnikschock Ende der 50er Jahre die westlichen Industrienationen in Aufruhr, als es den Russen gelungen war, den ersten Erdsatelliten auf die Umlaufbahn zu schicken. All dies wurde zum Anlass genommen, den Bildungsnotstand bzw. die Bildungskatastrophe (Picht, 1964) auszurufen.

Getragen durch die Kritik am schulischen Bildungswesen wurde dem Kindergarten in der Folge eine zentrale Bedeutung in Richtung möglicher bzw. unmöglicher Bildungschancen attestiert. Nur durch eine Reform der Bildung könne ein Ausweg aus der Krise gemeistert werden. Gesamtgesellschaftliche Ängste und Sorgen sollten fortan u. a. auch im Kindergartenbereich angegangen werden. Man suchte in bildungspolitischer Hinsicht nach Lösungen zur Steigerung der Effizienz des Bildungssystems. Zum Beispiel sollten mehr Absolventen eines Jahrgangs die Hochschulreife erlangen. Sozialpolitisch verband man damit die Hoffnung auf Chancengleichheit. Bildung sollte endlich allen Bevölkerungsschichten zugänglich sein.

Diese inhaltlichen Überlegungen zur Neustrukturierung des Bildungswesens führten zur „Entdeckung" der frühkindlichen Bildungschancen. Unterstützt wurde dies durch Erkenntnisse zur Beeinflussung der Intelligenzentwicklung im frühen Kindesalter aus lerntheoretischer Sicht oder zur Bedeutung früher Umweltstimulierung (Schmidt-Denter, 1987). Während man der Überzeugung war, dass Kinder in traditionellen Einrichtungen künstlich dumm gehalten würden (Lückart, 1967; zitiert nach Schmidt-Denter, 1987, S. 815), kristallisierte sich nun die Überzeugung heraus, dass eine möglichst früh einsetzende, strukturierte Förderung die Bildungspotenziale nachhaltig grundlegen, beeinflussen und unterstützen. Im Nachhinein betrachtet sprechen wir hier von der Phase der Förderungswelle im Elementarbereich (Schmidt-Denter, 1995). Vielfältigste Materialien zu unterschiedlichsten Förderbereichen (von der Intelligenzförderung über die Sprachförderung und die Leseförderung bis hin zur Schulvorbereitung) wurden entwickelt und vorgelegt. Die Spannbreite reicht von didaktischen Gruppenspielen (z. B. Pausewang, 1975), über Lernspiele (u. a. Miettinen & Sauvo, 1979) und Lernmaterialien (wie Heinevetters Kindergarten-Trainer oder die logischen Blöcke als Materialien zur mathematischen Förderung) bis zu Arbeits- und Vorschulmappen (u. a. Schüttler-Janikulla, 1968). Viele dieser Materialien sind in den Einrichtungen bis heute erhalten geblieben.

Als Konsequenz der bildungsreformerischen Neuerungen wurde im Strukturplan für das deutsche Bildungswesen von 1970 (Deutscher Bildungsrat, 1970) der Kindergarten als unterste Stufe bzw. Elementarbereich dem Bildungssystem zugeordnet. Dies war ein erster wichtiger Meilenstein auf dem Weg des Kindergartens in Richtung Bildungsinstitution. Allerdings erhielt der Kindergarten mit dieser Zuordnung eine Doppelfunktion: einerseits sollte er der Entlastung von Familien dienen, andererseits den Auftrag der pädagogischen Förderung aller Kinder erfüllen.

Gleichzeitig schlug der Deutsche Bildungsrat vor, die Fünfjährigen aus dem traditionellen Kindergarten herauszunehmen und in besonderen Vorklassen zusammenzufassen. So sollte die stärkere schulbezogene Förderung dieser Altersgruppe ermöglicht werden. All dies löste nachhaltige Auseinandersetzungen um die Zuordnung der Fünfjährigen aus. Eine Entscheidung sollte von den Ergebnissen aus Modellversuchen (Vorklasse, Modellkindergarten) abhängig gemacht werden. Letztendlich wurde die Entscheidung aber politisch getroffen. Die Ergebnisse waren darüberhinaus, wenn überhaupt vorhanden, nur sehr schwach. In der Folge verstärkte sich das Engagement in inhaltlicher Richtung. Unterschiedlichste Vorschulcurricula wurden entwickelt und im Rahmen eines überregionalen Erprobungsprogramms erprobt.

Das Bildungsverständnis wandelte sich grundlegend, indem z. B. erstmals der Begriff „Curriculum" (Lehrplan, Lehrprogramm) in frühpädagogische Diskussionen eingebracht wurde. Entwicklungspsychologisch orientierte man sich zunehmend an der Lerntheorie, die einen nunmehr (im Gegensatz zur traditionellen

Kindergartenpädagogik) *dynamischen Begabungsbegriff* propagierte. Man war nun der Überzeugung, dass aus jedem Kind alles werden könnte, sofern es die richtige Förderung erhalten würde. Dies alles betonte die Notwendigkeit einer frühen Förderung durch den Kindergartenbesuch für die weitere Schulkarriere eines Kindes und hatte durchaus positive Seiten für die Frühpädagogik. Denn der gesellschaftliche Stellenwert der Vorschulerziehung erfuhr dadurch einen enormen Aufschwung. Dass nun der Altersgruppe der Jüngsten besondere Aufmerksamkeit zuteil wurde, war u. a. auch an der Aufnahme viefältiger Vorschulsendungen im Fernsehen abzulesen (z. B. Sesamstraße, Rappelkiste).

In dieser Zeit wurde auch erstmals breitere Kindergartenforschung betrieben (u. a. Barres, 1972). Forschungserkenntnisse zu den Funktionstrainings bzw. Förderansätzen zeigten allerdings schon bald, dass erhoffte Entwicklungsvorsprünge durch die Förderprogramme eher kurz- bzw. mittelfristig, denn langfristig erfolgten. Nicht zuletzt dadurch fanden die Förderkonzepte keinen nachhaltigen Niederschlag in den Konzepten der Alltagsarbeit in Kindereinrichtungen. Denn ihnen wurde andererseits auch der Vorwurf der Verschulung, der Überbewertung der Vorschule und der Verkopfung (Einseitigkeit) und Überforderung der Kinder entgegen gebracht.

Unter funktionsorientierten Ansätzen sind letztlich alle Versuche zu verstehen, die, orientiert an spezifischen, konkretisierten Lernzielen, -bereichen und -inhalten versuchen, durch Trainings- und Förderprogramme sowie -materialien eine Verbesserung des kindlichen Leistungs- und Entwicklungsstandes zu erreichen (Retter, 1983). Zu den zentralen Zielen zählen neben der Entwicklung weitgehend situationsunabhängiger Fähigkeiten und Persönlichkeitsmerkmale die Förderung sensumotorischer Funktionen sowie die Förderung kognitiver, emotionaler und motivationaler Faktoren. Während die Rolle der Erzieherin in traditionellen Einrichtungen eher einengend und zurückhaltend war, wurde ihr nun eine aktive Funktion im Rahmen der Förderkonzepte zugewiesen. Die Erzieherin hatte letztlich die Aufgabe, die Kinder zu instruieren, anzuleiten.

3.6. Sozialisationsorientierte Ansätze (ca. 1974-1980)

In Kritik zu funktionsorientierten Ansätzen gewannen in der Folge sozialisationsorientierte Ansätze zunehmend stärkere Bedeutung. Einmal kann diese Entwicklung am gesellschaftlichen Wandel festgemacht werden. So waren Frauen zunehmend erwerbstätig, die Familienformen wandelten sich, es kam zu einer Zunahme von Ehescheidungen. All dies erforderte immer dringlicher konzeptionelle Neuorientierungen in Bezug auf sozialisatorische Aufgaben der Einrichtungen: Der „pädagogische Blick", der in der Funktionspädagogik zu stark auf das Kind und seine Fähigkeiten und Fertigkeiten eingegrenzt war, erweiterte sich um die Perspektive auf die Lebenssituationen der Familien und Kinder. Sie rückten nun stark in den Vordergrund und bestimmten fortan den pädagogischen Alltag in den Einrichtungen. Der Kindergarten wurde zunehmend als Erfahrungsraum definiert, der Kindern mit unterschiedlichem Sozialisationshintergrund in einem pädagogisch gestalteten Rahmen Gelegenheit bietet, neue Erfahrungen mit sich selbst, mit anderen Kindern und Erwachsenen sowie mit Gegenständen und Inhalten zu machen.

Diese zweite Phase der Vorschulreform ist vor allem vom so genannten Situationsansatz geprägt (Zimmer, 1976), der im Deutschen Jugendinstitut entwickelt wurde. Ziel ist es, die Kinder „ ... zur autonomen und kompetenten Lebensbewältigung gegenwärtiger und zukünftiger Lebenssituationen ..." (Zimmer, 1976, S. 25) zu befähigen. Soziales Lernen vollzieht sich demnach am besten in einem pädagogischen Umfeld, das den Bezug zu Lebenssituationen von Kindern und ihre Sozialisationsbedingungen ermöglicht. Als Grundlage fungiert ein ganzheitliches Bildungsverständnis, das den Rückbezug instrumentellen Lernens auf soziale Kontexte betont. Insofern dominierten zu Beginn des Situationsansatzes eindeutig soziale Lernziele, was später zum Vorwurf der Überbetonung sozialer gegenüber gleichzeitiger Vernachlässigung sachbezogener Lernziele führte.

Als offenes Curriculum konzentrierte sich der Situationsansatz auf Handlungsziele und nicht mehr auf Lernziele, wie die Funktionsdidaktik. Das jeweilige Handeln des Einzelnen, seine Erfahrungen, Bedürfnisse, Ideen wurden bedeutsam für den pädagogischen Alltag, bestimmten ihn entscheidend mit. Er schrieb nicht mehr die konkreten Methoden, Inhalte und Sozialformen zur Erreichung seiner Ziele fest und definierte die Rolle der Erzieherin als kompetent und kritisch, was die Attraktivität in der komplexen pädagogischen Praxis erhöhte.

In der Folge entwickelte sich der Ansatz vom ursprünglichen Konzept der Curriculumentwicklung hin zu einem anwendungsorientierten pädagogischen Konzept, das sich vor allem durch folgende Kennzeichen auswies (u. a. Zimmer, 1985):

- Orientierung des Lernens an kindlichen Lebenssituationen,
- Verbindung von sozialem und sachbezogenem Lernen,
- Umgestaltung und Öffnung nach innen (z. B. durch räumliche Veränderungen, Veränderungen der Materialausstattung, Entritualisierung des Tagesablaufs und der Planung, altersgemischte Gruppen),
- die Öffnung des Kindergartens nach außen (z. B. durch die Mitwirkung von Eltern und anderen Erwachsenen, die Gemeinwesenorientierung).

In diesem Zusammenhang wurde eine Reihe von Materialien zum Situationsansatz entwickelt, die die pädagogische Leitorientierung in der Praxis nachhaltig beeinflussen sollten (u. a. Arbeitsgruppe Vorschulerziehung des Deutschen Jugendinstituts, 1980).

Im Sinne einer ganzheitlichen Vorschulerziehung suchte man nach Möglichkeiten soziales und sachbezogenes Lernen miteinander zu verbinden und dabei den Bezug zu Realsituationen zu knüpfen. Es wurden keine konkreten Lehrgegenstände festgelegt. Die pädagogische Praxis griff gerne auf die Ideen des Situationsansatzes zurück, es zeigte sich aber schnell, dass diese Art der Vorschularbeit ein großes Engagement der pädagogischen Fachkräfte erforderte, das in der Praxis kaum realisiert werden konnte.

Mit dem Ausklingen der Vorschulreform gegen Ende der 70er Jahre kehrte sich die Vorschulpädagogik wieder dem Alltagsgeschäft zu (u. a. Retter, 1983). Die Verbreitung der Ergebnisse aus dem Erprobungsprogramm erfolgte allenfalls vereinzelt. Die „hohe Theorie der Curriculumdiskussion" wurde nach 1978 durch eine „einfache Theorie der Praxis" abgelöst. Gründe dafür liegen u. a. darin, dass sich die Leitziele und Ideen der Reform für die Praktiker als zu abstrakt und anspruchsvoll erwiesen. Sie scheiterten letztlich an der Praxis. Ein weiterer Schwachpunkt ist wohl auch darin zu sehen, dass Fachschulen als Ausbildungsstätten zukünftiger Erzieherinnen nicht konsequent einbezogen wurden.

3.7. Neuere Kindergartendidaktiken (ca. 1980 bis heute)

Seit den 80er Jahren bestimmen neuere Kindergartendidaktiken den pädagogischen Alltag der Kindereinrichtungen. Zu ihnen gehören unterschiedlichste Konzepte, die je andere Schwerpunkte ins Zentrum der Bemühungen setzen. Ohne Anspruch auf Vollständigkeit sollen im Folgenden einige kurz genannt werden:

Integrative Konzepte loten z. B. die Chancen der gemeinsamen Erziehung behinderter und nichtbehinderter Kinder aus (z. B. Bundesministerium für Bildung und Wissenschaft, 1982; Dichans, 1993; Kaplan, 1993; Miedaner, 1991).

Strukturverändernde Konzepte suchen nach neuen Formen und Möglichkeiten der pädagogischen Gestaltung frühkindlicher Erfahrungsräume. Zu ihnen gehören einmal offene Kindergartendidaktiken (u. a. Becker-Textor & Textor, 1997; Regel & Wieland, 1993), die durch Umgestaltung der Lernumgebung entwicklungsangemessene Anreize für die Kinder bieten möchten. Auch spielzeugfreie Konzepte können hierzu gezählt werden, die als Möglichkeit früher Suchtprävention im Kindergarten diskutiert werden (u. a. Becker-Textor, Schubert & Strick, 1997; Eissing, 1996; Schubert & Strick, 1994). Schließlich können auch Formen, die eine Erweiterung der Altersgrenzen nach unten und oben angehen, zu den neueren strukturverändernden Konzepten gezählt werden (z. B. Erath, 1992; Krappmann & Peukert, 1995).

Außerdem erfreuen sich in jüngster Zeit *naturnahe Kindergartenkonzepte* wie Waldkindergärten (u. a. Köllner & Leinert, 1998; Michael-Hagedorn & Freiesleben, 1999; Miklitz, 1999) steigender Beliebtheit. In ihnen werden insbesondere frühe Sinnes- und Naturerfahrungen betont.

Schließlich können auch pädagogische Konzepte, die die Kreativität der Kinder zentral ansprechen, zu den neueren Konzepten gezählt werden, die seit den 80er Jahren die deutsche Frühpädagogik beeinflussen. Stellvertretend sei hier auf die aus Italien kommende *Reggiopädagogik* verwiesen (u. a. Dreier, 1996; Hermann, Riedel, Schock & Sommer, 1993; Krieg, 1993, 2002). Dieser pädagogische Ansatz setzt ebenfalls auf eine ganzheitliche Förderung, wobei insbesondere die Unterstützung der sinnlichen Wahrnehmungsfähigkeit und der künstlerischen bzw. darstellerischen Ausdrucksfähigkeit Aufmerksamkeit geschenkt wird.

3.8. Zusammenfassung und Ausblick

Inwiefern die angesprochenen Vorschulkonzeptionen letztlich tatsächlich den pädagogischen Alltag in der Kindergartenpraxis bestimmten bzw. noch bestimmen, ist noch völlig offen (u. a. Fried, 2002). So mangelt es an wissenschaftlich fundierten Untersuchungen zu dieser Fragestellung. Erste Studien weisen jedenfalls auf Diskrepanzen zwischen pädagogischem Programm und dem Alltag in Kindereinrichtungen hin.

Unbestritten scheint zu sein, dass Vorschulkonzeptionen eine verlässliche pädagogische Grundorientierung bieten sollen. Andererseits müssen sie flexibel genug sein, sich den jeweiligen Erfordernissen der pädagogischen Realität anzupassen. Forschungserkenntnisse jedenfalls verweisen darauf, dass sich die pädagogische Praxis selten auf ein bestimmtes pädagogisches Konzept reduzieren lässt. Die alltägliche Praxis scheint eher durch heimliche bzw. subjektive Konzepte der pädagogischen Fachkräfte bestimmt zu werden, denn durch allgemein verbindliche übergeordnete Konzeptionen bzw. Programme (Fried, 2003a, 2003b). So erstaunt es auch nicht, dass sich in den Einrichtungen auch Materialien aus unterschiedlichen Ansätzen finden lassen, die häufig nicht in originalgetreuer Verwendung Anwendung finden (z. B. die logischen Blöcke, die Montessori-Materialien).

Es deutet einiges darauf hin, dass neben dem Blick auf inhaltliche Zielorientierungen, die Hinwendung auf die zentralen Personen des pädagogischen Alltags fruchtbar scheint. Denn jede Konzeption steht oder fällt mit dem Engagement der pädagogischen Fachkräfte, die sie umsetzen.

Der Blick in die jüngere Geschichte der konzeptionellen Orientierungen im Kindergarten macht nicht nur die Vielfalt der frühpädagogischen Praxis deutlich, er verweist auch auf das Bestreben der pädagogischen Fachkräfte, sich mittels adäquater Konzepte auf die sich wandelnden Bedürfnisse der Kinder und ihrer Familien einzustellen. Insofern erscheint es konstruktiv, z. B. den Besonderheiten der pädagogischen Interaktion (Förderbedingungen, Anregungsgehalt usw.) zukünftig stärkere Aufmerksamkeit zu schenken.

Gegenwärtig scheint sich ein Trend dahingehend abzuzeichnen, die kognitiven Entwicklungspotenziale junger Kinder mit Blick auf ihre weitere Bildungskarriere wieder stärker in den frühpädagogischen Blick zu nehmen. Jedenfalls zeichnet sich eine gewisse „kognitive Wende" als erste Reaktion auf PISA in den frühpädagogischen Einrichtungen ab. Die ersten Forderungen nach früher Fremdsprachenarbeit im Kindergarten bzw. der Förderung naturwissenschaftlicher Begegnungen im Kindergartenalter werden bereits umgesetzt (u. a. Lück, 2002). Ob eine einseitige Hinwendung zu stärker kognitiv orientierten Förder- und Entwicklungskonzepten in der Frühpädagogik aber der Königsweg aus der vermeintlichen Bildungskrise der 15-Jährigen ist, muss an dieser Stelle in Frage gestellt werden.

3.9. Literatur

Arbeitsgruppe Vorschulerziehung des Deutschen Jugendinstituts (1980). Curriculum Soziales Lernen. Didaktische Einheiten für den Kindergarten, 10 Textteile und 10 Bildteile. München: Juventa.

Becker-Textor, I., Schubert, E. & Strick, R. (Hrsg.). (1997). Ohne Spielzeug. „Spielzeugfreier Kindergarten" – ein Konzept stellt sich vor. Freiburg: Herder.

Bundesministerium für Bildung und Wissenschaft (Hrsg.). (1982). Ein Kindergarten für behinderte und nichtbehinderte Kinder. Erfahrungen aus integrativen Einrichtungen im Elementarbereich. Bonn: BMBW.

Deutscher Bildungsrat (1970). Empfehlungen der Bildungskommission. Strukturplan für das Bildungswesen. Stuttgart: Klett.

Dichans, W. (1993). Der Kindergarten als Lebensraum für behinderte und nichtbehinderte Kinder (2. erw. Aufl.). Köln: Kohlhammer.

Dreier, A. (1996). Was tut der Wind, wenn er nicht weht? Berlin: Fipp.

Eissing, R. (1996). Der spielzeugfreie Kindergarten: pädagogische Grundlagen und praktische Anregungen. München: Don Bosco.

Erath, P. (1992). Abschied von der Kinderkrippe. Plädoyer für altersgemischte Gruppen in Tageseinrichtungen für Kinder. Freiburg: Lambertus.

Fried, L. (2002). Präventive Bildungsressourcen des Kindergartens als Antwort auf interindividuelle Differenzen bei Kindergartenkindern. In L. Liegle & R. Treptow (Hrsg.), Welten der Bildung in der Pädagogik der frühen Kindheit und in der Sozialpädagogik (S. 339-348). Freiburg: Lambertus.

Fried, L. (2003a). Pädagogische Programme und subjektive Orientierungen. In L. Fried, B. Dippelhofer-Stiem, M.-S. Honig & L. Liegle (Hrsg.), Einführung in die Pädagogik der frühen Kindheit (S. 54-85). Weinheim: Beltz.

Fried, L. (2003b). Vorschulprogramme. In L. Fried, S. Roux, A. Frey & B. Wolf (Hrsg.), Vorschulpädagogik (S. 121-147). Baltmannsweiler: Schneider Hohengehren.

Fthenakis, W. E. & Textor, M. R. (Hrsg.). (2000). Pädagogische Ansätze im Kindergarten. Weinheim: Beltz.

Hermann, G., Riedel, H., Schock, R. & Sommer, B. (1993). Das Auge schläft bis es der Geist mit einer Frage weckt. Krippen und Kindergärten in Reggio Emilia (5. Aufl.). Berlin: FIPP.

Huppertz, N. (Hrsg.). (1998). Konzepte des Kindergartens. Oberried: PAIS.

Kaplan, K. (1993). Gemeinsame Förderung behinderter und nichtbehinderter Kinder. Handbuch für den Kindergarten. Weinheim: Beltz.

Knauf, T. (2003). Der Einfluss pädagogischer Konzepte auf die Qualitätsentwicklung in Kindertageseinrichtungen. In W. E. Fthenakis (Hrsg.), Elementarpädagogik nach PISA (S. 243-263). Freiburg: Herder.

Köllner, S. & Leinert, C. (Hrsg.). (1998). Waldkindergärten. Ein Leitfaden für Aktivitäten mit Kindern im Wald (2. Aufl.). Augsburg: Riwa.

Krappmann, L. & Peukert, U. (Hrsg.). (1995). Altersgemischte Gruppen in Kindertagesstätten. Reflexionen und Praxisberichte zu einer neuen Betreuungsform. Freiburg: Lambertus.

Krieg, E. (2002). Lernen von Reggio. Theorie und Praxis der Reggio-Pädagogik im Kindergarten. Lage: Jakobs.

Krieg, E. (Hrsg.). (1993). Hundert Welten entdecken. Die Pädagogik der Kindertagesstätten in Reggio Emilia. Essen: Neue deutsche Schule.

Lenzen, D. (Hrsg.). (2001). Pädagogische Grundbegriffe (6. Aufl.) (2 Bde.). Reinbek: Rowohlt.

Lück, G. (2002). Experimentieren im Vorschulalter. In Bayerischer Landesverband katholischer Tageseinrichtungen für Kinder (Hrsg.), Jahrbuch 2002/2003: Bildung für alle Kinder (S. 127-137). München: BL.

Lückart, H. R. (1967). Begabungsforschung und basale Bildungsförderung. Schule und Psychologie, 14, 9-22.

Michael-Hagedorn, R. & Freiesleben, K. (1999). Kinder unterm Blätterdach. Walderlebnisse planen und gestalten. Dortmund: Borgmann.

Miedaner, L. (1991). Gemeinsame Erziehung behinderter und nichtbehinderter Kinder. Materialien zur pädagogischen Arbeit im Kindergarten (2. Aufl.). München: DJI.

Mietinnen, M. & Sauvo, T. (1979). Spiele zum Lernen. Reinbek: Carlsen.

Miklitz, I. (1999). Der Waldkindergarten. Neuwied: Luchterhand.

Neumann, K. (1987). Geschichte der öffentlichen Kleinkinderziehung von 1945 bis in die Gegenwart. In G. Erning, K. Neumann & J. Reyer (Hrsg.), Geschichte des Kindergartens (Band 1) (S. 83-115). Freiburg: Lambertus.

Pausewang, E. (1975). 130 didaktische Gruppenspiele für Kinder von 3-8. München: Don Bosco.

Picht, G. (1964). Die deutsche Bildungskatastrophe. Analyse und Dokumentation. Olten: Walter.

Regel, G. & Wieland, A. J. (Hrsg.). (1993). Offener Kindergarten konkret. Veränderte Pädagogik in Kindergarten und Hort. Hamburg: Rissen.

Retter, H. (1983). Curriculumtheorien im Elementarbereich. In U. Hameyer, K. Frey & H. Haft (Hrsg.), Handbuch der Curriculumforschung (S. 129-137). Weinheim: Beltz.

Schmidt-Denter, U. (1987). Kognitive und sprachliche Entwicklung im Vorschulalter. In R. Oerter & L. Montada (Hrsg.), Entwicklungspsychologie (2. Aufl.) (S. 814-853). Weinheim: Psychologie Verlags Union.

Schmidt-Denter, U. (1995). Vorschulische Förderung. In R. Oerter & L. Montada (Hrsg.), Entwicklungspsychologie (3. Aufl.) (S. 976-982). Weinheim: Beltz.

Schubert, E. & Strick, R. (1994). Spielzeugfreier Kindergarten. Ein Projekt zur Suchtprävention für Kinder und mit Kindern (2. Aufl.). München: Aktion Jugendschutz.

Schüttler-Janikulla, K. (1968). Arbeitsmappe zum Sprachtraining und zur Intelligenzförderung I-III. Oberursel: Finken.

Tietze, W. (2001). Vorschulerziehung. In D. Lenzen (Hrsg.), Pädagogische Grundbegriffe (Band 2) (6. Aufl.) (S. 1 590-1 604). Reinbek: Rowohlt.

Zimmer, J. (1976). Ein Bezugsrahmen vorschulischer Curriculumentwicklung. In J. Zimmer (Hrsg.), Curriculumentwicklung im Vorschulbereich (Band 1) (2. Aufl.) (S. 9-60). München: Piper.

Zimmer, J. (1985). Der Situationsansatz als Bezugsrahmen der Kindergartenreform. In J. Zimmer (Hrsg.), Enzyklopädie Erziehungswissenschaft (Band 6: Erziehung in der frühen Kindheit) (S. 21-38). Stuttgart: Klett-Cotta.

4. DIE FRANZÖSISCHEN „ÉCOLES MATERNELLES"

MAGALI BROS

Nachdem wir gesehen haben, welche Fragen die PISA-Studie für den Kindergarten in Deutschland aufgeworfen hat und welche Vorschulkonzeptionen in den letzten Jahrzehnten verfolgt wurden, ist es interessant zu schauen, wie unsere Nachbarn abgeschnitten haben und welche Vorschulkonzeptionen dort üblich sind.

In Frankreich z. B. erfolgt die Betreuung der Kleinkinder in einer ganz anderen Weise als in Deutschland. Es dominiert die „école maternelle" mit 2.5 Millionen Vorschulkindern, wohingegen nur 12 000 Kinder einen Kindergartenplatz haben (Ulich & Oberhuemer, 1997). Während Deutschland im internationalen Vergleich des PISA-Rankings den 21. Platz einnimmt, steht Frankreich auf dem 11. Platz (Baumert et al., 2001).

4.1. Das französische Bildungssystem

Für französische Kinder besteht ab dem Alter von sechs Jahren bis zum Alter von 16 Jahren Schulpflicht (u. a. Christadler & Uterwedde, 1999; Gempek, 1990; Majault, 1973). Alle Kinder zwischen drei und fünf Jahren können in der „école maternelle" (Vorschule) aufgenommen werden. Es werden sogar bereits ein Drittel der zweijährigen Kinder betreut. Hundert Prozent eines Jahrgangs der Drei- bis Fünfjährigen gehen regelmäßig in die Vorschule (Oberhuemer & Ulich, 1997). In dem Jahr, in dem die Kinder sechs Jahre alt werden, kommen sie in die erste Stufe der „école primaire", der Grundschule, die insgesamt aus fünf Stufen aufgebaut ist. Zwischen 11 und 15 Jahren gehen alle Kinder zum „collège". Das collège ist mit einer Einheits- oder Gesamtschule vergleichbar. Mit 15 Jahren haben alle Kinder die Möglichkeit, den Abschluss „Brevet des collèges" (vergleichbar mit der Mittleren Reife in Deutschland) zu erlangen. Danach, mit nunmehr 16 Jahren, können die Kinder entweder von der Schule abgehen, eine praktische Ausbildung beginnen oder zum „lycée" gehen. Das lycée ist eine Art gymnasiale Oberstufe, in dem sich die Jugendlichen in drei Jahren in bestimmten Fächern spezialisieren können (z. B. Naturwissenschaft, Literatur, Wirtschaftskunde oder Technik). Mit 18 können die Jugendlichen das „baccalauréat" (Abitur) erlangen.

4.2. Warum gehen die Kinder schon so früh in die Schule?

In Frankreich haben die „écoles maternelles" ein hohes Ansehen. Dies geht auf eine sehr lange Tradition der Vorschulerziehung zurück. Die Vorläufer der écoles maternelles, die bereits seit 1825 existieren (Oberhuemer & Ulich, 1997), wurden 1881 in das Bildungssystem integriert. Heute ist es in Frankreich eine Selbstverständlichkeit, seine Kinder in die Vorschule zu schicken. Daraus resultieren die hohen Besuchsquoten. Der Besuch selbst ist kostenfrei. Die Schulen werden, gemäß dem Grundsatz der Chancengleichheit, ganz vom Staat finanziert.

Die Aufnahme von zweijährigen Kindern wird immer verbreiteter. In sozial benachteiligten Gebieten werden Kinder sogar schon mit einem Jahr und neun Monaten aufgenommen. Dort spricht man zum Teil sogar von der familienersetzenden Funktion der Vorschule.

Seit dem zweiten Weltkrieg erfahren die écoles maternelles eine große Expansion, weil immer mehr Frauen arbeiten gehen. Bis dahin gingen vor allem Arbeiterkinder in die Vorschule. Mittlerweile besuchen auch Kinder aus der Mittel- und Oberschicht diesen Unterricht, um Erfahrungen mit Gleichaltrigen unter Anleitung von fachlichen Kräften zu sammeln. Seit 1989 besteht ein Rechtsanspruch für alle Kinder zwischen drei und sechs Jahren auf einem Platz in einer Vorschule. In Frankreich liegt der Anteil berufstätiger Mütter mit Kindern unter zehn Jahren bei fast 60%, also weit über den EU-Durchschnitt (Oberhuemer & Ulich, 1997).

4.3. Wer arbeitet in den écoles maternelles?

In den écoles maternelles arbeiten Lehrerinnen. Seit 1921 durchlaufen sie dieselbe Ausbildung wie die Grundschullehrerinnen. Auf der Grundlage eines mindestens dreijährigen Studium eines Fachs (z. B. Französisch, Mathematik, Geschichte ...) folgt ein Jahr Vorbereitungskurs auf den „Concours". Das ist eine Art Auswahlverfahren, das darüber entscheidet, wer zur Ausbildung zugelassen wird. Der französische Staat bildet nur soviel Lehrer aus, wie auch gebraucht werden. Wer beim Concours genommen wurde, studiert ein Jahr lang Pädagogik, Psychologie und Didaktik und absolviert mehrere Schulpraktika. Erst dann dürfen sie sich „professeur des écoles" nennen und können verbeamtet werden (Ministère de la jeunesse, de l'éducation nationale et de la recherche, 2003a). Als ausgebildete Lehrerinnen ist der Einsatz im gesamten Altersbereich der 2- bis 11-jährigen Kinder möglich, d. h. in der école maternelle sowie in der école primaire. Die Lehrenden in der Vorschule sind zu 95% Frauen.

4.4. Wie sieht es in einer Vorschule aus?

Die Kinder werden im Klassenverband in altershomogenen Klassen unterrichtet und betreut. Im Durchschnitt besuchen 27 Kinder eine Klasse, die von einer Lehrerin geführt wird. Die Kinder bekommen jedes Jahr eine neue Lehrerin. In den untersten Klassen (petite section; zwei- bis vierjährige Kinder) werden die Lehrerinnen in den Pausen von Kinderpflegerinnen unterstützt.

4.5. Offizielle Vorgaben (Ministère de l'éducation nationale, 1991)

Alle Vorschulen in Frankreich müssen sich an die offiziellen Vorgaben halten. 1990 wurden die Vor- und Grundschulen neu organisiert (vgl. Tabelle 1: Organisation der Vor- und Grundschule in Frankreich). Die Kinder durchlaufen drei Zyklen: (1) die erste und zweite Klasse der Vorschule (premier cycle); (2) die dritte Klasse der Vorschule und die ersten zwei Klassen der Grundschule (deuxième cycle), (3) die letzten drei Jahre der Grundschule (troisième cycle).

Im ersten Zyklus sollen die Kinder soziale, emotionale und kognitive Grundqualifikationen erwerben. Im zweiten Zyklus, also bereits in der letzten Klasse der Vorschule, d. h. mit fünf Jahren, sollen die Kinder Lesen, Schreiben und Rechnen lernen.

Durch diese Neustrukturierung wurde die einheitliche Ausbildung der Lehrenden eingeführt. Die Inhalte und Methoden der Vor- und Grundschulen sind so eng miteinander verknüpft, dass jede Lehrerin weiß, was die Kollegen in ihren Klassen schon gemacht haben oder machen werden.

Tabelle 1: Organisation der Vor- und Grundschulen in Frankreich

Alter	Klasse	Zyklus	Schulart
10 bis 11	CM2***		
9 bis 10	CM1***	3. ZYKLUS	ECOLE PRIMAIRE
8 bis 9	CE2**		
7 bis 8	CE1**		
6 bis 7	CP*	2. ZYKLUS	
5 bis 6	Grande section		ECOLE MATERNELLE
4 bis 5	Moyenne section	1. ZYKLUS	
2 bis 4	Petite section		

* : CP: Cours Préparatoire (Vorbereitungskurs) ; ** : CE1 und CE2: Cours Elementaire (Elementarkurs) ; *** : CM1 und CM2: Cours Moyen (Mittelkurs)

Die écoles maternelles haben täglich von 8.30 bis 18.30 Uhr geöffnet (vgl. Tabelle 2: Stundenplan in den écoles maternelles). In den Schulferien sind die Vorschulen geschlossen (Ministère de la jeunesse, de l'éduaction nationale et de la recherche, 2003b). In der Mittagspause können die Kinder in der Kantine essen, im Hof spielen oder schlafen (petite section).

Die Kinder haben in den Kernzeiten von 9 bis 12 Uhr und von 14 bis 17 Uhr Unterricht. Mittwochs ist unterrichtsfrei, damit die Kinder die Möglichkeit haben, zum Religionsunterricht zu gehen. Da die französische Schule laizistisch ist, darf sie keinen Religionsunterricht erteilen. Wenn die Eltern diesen Unterricht wünschen, müssen sie sich an den Pfarrer der Gemeinde wenden, der mittwochvormittags Religionsunterricht für Kinder erteilt. Samstags endet der Unterricht bzw. die Betreuung bereits um 12 Uhr.

Die Kinder werden morgens und nachmittags während je zwei Blöcken à 90 Minuten mit 15 Minuten Pause unterrichtet. Sie haben also insgesamt 26 Stunden Unterricht in der Woche. Die Eltern werden gebeten, ihre Kinder regelmäßig und pünktlich in die Schule zu bringen. Sie haben außerdem die Möglichkeit, ihre Kinder außerhalb der Kernzeiten betreuen zu lassen. Die Betreuung kann von morgens 7 Uhr bis zum Unterrichtsbeginn und abends ab Unterrichtende bis 18.30 Uhr in Anspruch genommen werden. In der Mittagspause bekommen die

Kinder ein warmes Essen. Diese Betreuungsmöglichkeit besteht auch für den Mittwoch.

In manchen Regionen gibt es Abweichungen. Die Kernzeiten sind um eine halbe Stunde nach vorne verschoben, d. h. der Unterricht fängt schon um 8.30 Uhr an und geht bis 16.30 Uhr. In anderen Schulen müssen die Kinder z. B. zwei Wochen früher aus dem Urlaub kommen und haben dafür ganzjährig eine 4-Tage-Woche. Der Unterricht am Samstagvormittag fällt aus, damit die Familien am Wochenende gemeinsam etwas unternehmen können.

Tabelle 2: Stundenplan in der école maternelle

MO	DI	MI	DO	FR	SA	
BETREUUNG						7 bis 9 Uhr
						9 bis 12 Uhr Unterricht
KANTINE/ BETREUUNG	KANTINE/ BETREUUNG	KANTINE/ BETREUUNG				12 bis 14 Uhr
						14 bis 17 Uhr Unterricht
BETREUUNG						17 bis 18.30 Uhr

4.6. Pädagogische Konzeption

Im Erlass der „Education Nationale" von 1986 kann man nachlesen, dass die école maternelle die Kinder „scolariser, socialiser et faire apprendre et exercer" (zitiert nach Oberhuemer & Ulich, 1997, S. 123) soll, d. h. die Vorschule soll die Kinder systematisch auf die Schule vorbereiten, sozialisieren und ihnen die Methodik des Lernens nahe bringen.

Auf dem Stundenplan stehen neun Stunden Französisch, fünf Stunden Mathematik, sechs Stunden Sport und Kunst, zwei Stunden Methodik (Lern- und Arbeitsmethoden einüben) und vier Stunden Zivillehre. Aus den Empfehlungen des Ministeriums (Ministère de l'éducation nationale, 1991) kann man z. B. folgende Ziele für jede Altersstufe entnehmen:

Erstes und zweites Vorschuljahr (petite & moyenne section):

- Sprachförderung (z. B.: Verbformen, Personalpronomen und kurze Gedichte rezitieren)
- Erste Leseübungen (z. B.: Monate, Wochentage und Zahlen)

- Schreib(vor)übungen (z. B.: Stift korrekt halten, Buchstaben sowie Zahlen bis 10 abmalen)
- Größenunterschiede (z. B.: „kleiner – größer – gleich") und die mathematischen Figuren Dreieck, Viereck und Kreis kennen

Drittes Vorschuljahr (grande section; letztes Jahr der écoles maternelle):

- Anfänge des Lesens und Schreibens einüben
- bis 1 000 zählen, die Uhr lesen und die Verhältnisse g/kg und m/cm verstehen
- im Fach Zivillehre die Begriffe „Freiheit, Gleichheit und Brüderlichkeit" sowie das Funktionieren der Gemeinde (Bürgermeister, Wahlen ...) kennen lernen

Die Gestaltung des Unterrichts kann jede Lehrerin frei entscheiden. Die Hauptsache ist, dass jedes Kind am Ende des jeweiligen Zyklus die Inhalte dieser Empfehlungen erreicht hat. Die Kinder müssen also nicht vor Eintritt in die Grundschule lesen und schreiben können, sondern erst am Ende der zweiten Grundschulklasse.

4.7. Vor- und Nachteile des französischen Vorschulsystems

Die französischen écoles maternelles können durch die genauen Leistungsvorgaben auf einer Seite zu einer zu frühen Leistungsorientierung oder zu einer Überforderung der Lehrerin führen, die alleine vor Ihrer Klasse steht. Es scheint, dass das Spielen gegenüber dem Lernen in den Hintergrund rückt. Die Kinder können schnell aufgrund der Altershomogenität unter Leistungsdruck leiden und sich überfordert fühlen.

Insgesamt entsteht der Eindruck, dass die Familienorientierung zu Gunsten der Bildungsorientierung zu schwach ist. Andererseits ermöglicht die Vorschule die Vereinbarkeit von Familie und Beruf. Eventuell könnte sich das auch auf die Geburtenrate auswirken, die in Frankreich höher liegt als in Deutschland (in Frankreich kommen 13.2 Lebendgeborene auf 1 000 Einwohner; in Deutschland 9.2; EUROSTAT, 2003). Außerdem gewährt die Vorschule einen Schutz vor Verwahrlosung und wirkt so auch gegen soziale Ungleichheiten. Dies könnte eine Erklärung dafür sein, dass die Leistungsunterschiede zwischen den verschiedenen sozialen Schichten in Frankreich bei der PISA-Studie 2000 weniger ausgeprägt sind als in Deutschland. Auch die Sprachförderung ist, vor allem für Migrantenkinder, effektiv, weil sie schon ab dem frühesten Lebensalter regelmäßig, strukturiert und gezielt durch die Lehrerin gefördert werden.

Insgesamt ist der Bildungsauftrag klar definiert und anerkannt. Die Lehrerin der ersten Klasse weiß, auf welcher Grundlage sie aufbauen kann, was die Kinder schon an schulbezogenen Kompetenzen (u. a. Aufmerksamkeit, Konzentration) mitbringen.

Die Erziehung im Vorschulbereich ist gesellschaftlich im Vergleich zu Deutschland sehr hoch angesehen. Der Beruf „professeur des écoles" ist sehr anerkannt und beliebt.

Letztlich spricht auch für die Organisation der vorschulischen Erziehung und Bildung in Frankreich, dass der (ganztägige) Besuch der Vorschule für die Eltern bzw. deren Kinder kostenfrei ist.

4.8. Literatur

Baumert, J., Klieme, E., Neubrand, M., Prenzel, M., Schiefele, U., Schneider, W., Stanat, P., Tillmann, K.-J. & Weiß, M. (Hrsg). (2001). PISA 2000: Basiskompetenzen von Schülerinnen und Schülern im internationalen Vergleich. Opladen: Leske + Budrich.

Christadler, M. & Uterwedde, H. (Hrsg.). (1999). Länderbericht Frankreich. Geschichte, Politik, Wirtschaft, Gesellschaft. Bundeszentrale für politische Bildung, Band 360. Opladen: Leske + Budrich.

EUROSTAT (2003). EU-Vergleich: Geburtenrate 2000. Lebensgeborene je 1000 Einwohner. http://wko.at/statistik/eu/eu4a.htm [17.02.03].

Gempek, P. (1990). Vorschulische Erziehung in Frankreich. Treffpunkt Kindergarten, Forum Sozialpädagogik, 9, 6, 1-3.

Majault, J. (1973). L'enseignement en France. London: McGraw-Hill.

Ministre de la jeunesse, de l'éducation nationale et de la recherche (2003a). L'enseignement primaire. http://www.education.gouv.fr/prim/default.htm [27.01.03].

Ministre de la jeunesse, de l'éducation nationale et de la recherche (2003b). Horaires et programmes d'enseignement de l'école primaire. http://www.education.gouv.fr/bo/2002/hs1/default.htm [27.01.03].

Ministère de l'éducation nationale (Éd.). (1991). Les cycles de l'école primaire. Paris.

Oberhuemer, P. & Ulich, M. (1997). Kinderbetreuung in Europa. Weinheim: Beltz.

5. KINDERBETREUUNG IN SCHWEDEN

KARIN STRAUß

Im vorliegenden Text sollen die zentralen Besonderheiten der schwedischen Vorschulerziehung beleuchtet werden. Dabei ist zu erörtern, auf welche Weise die schwedische Gesellschaft diesem spezifischen pädagogischen Arbeitsfeld ihre besondere Wertschätzung und eine entsprechende praktische Institutionalisierung zuteil werden lässt.

In den vergangenen drei Jahrzehnten wurde in Schweden auf politischer Ebene eine erstklassige Kinderbetreuung angestrebt. Richtungsweisend waren neben der Sorge für die Heranwachsenden das Bemühen nach Gleichstellung der Geschlechter. Somit erfüllt die schwedische Kinderbetreuung eine doppelte Funktion: Zum einen schafft sie die Basis zur Vereinbarkeit von Elternschaft und Erwerbstätigkeit bzw. Studium, zum andern gründet sie auf dem Ganzheitsaspekt der Entwicklung und des Lernprozesses des Kindes, in dem Fürsorge, Betreuung, Erziehung und Lernen eine Ganzheit bilden. Professionelle Betreuungsqualität sichert das emotionale Wohlbefinden der Kinder, welches als Grundlage für Lernprozesse und eine positive Entwicklung zu betrachten ist.

5.1. Das schwedische Bildungssystem

Der schwedische Sozialstaat garantiert ein umfassendes Kinderbetreuungsmodell vom ersten bis zum sechzehnten Lebensjahr. Bis zur Einschulung bietet die schwedische Vorschulerziehung vier verschiedene Betreuungsarten an: Tagesstätten, Kindergarten in Teilzeitform, Familientagesstätten sowie die Offene Vorschule. Sechsjährige haben einen Rechtsanspruch auf Vorschulerziehung, der in Form einer einjährigen Vorschulklasse praktiziert wird. Im Frühjahr 1991 beschloss der Reichstag die Einführung eines flexiblen Schulbeginns. Danach können die Eltern ihre Kinder schon mit sechs Jahren einschulen lassen Die allgemeine Schulpflicht gilt für Kinder ab dem siebten Lebensjahr.

Zu Beginn der Sechziger Jahre des 20. Jahrhunderts wurde anstelle des gegliederten Schulsystems eine gemeinsame Grundschule für alle Kinder von der ersten bis zur neunten Klasse eingeführt.

Da der Anspruch des schwedischen Schulsystems in der Ausschöpfung aller individuellen Entwicklungspotenziale liegt und daher auf Selektion verzichtet wird, bedarf es nur eines relativ geringen Grades an sonderpädagogisch-institutioneller Versorgung.

In den Ganztagsschulen umfassen die Klassen durchschnittlich 22 Schüler, die überwiegend in jahrgangsübergreifenden Gruppen unterrichtet werden. Diese Altersabstufung innerhalb einer Klasse ermöglicht, dass die Schüler miteinander und voneinander lernen können.

Diesem Ideal entspricht der Verzicht auf Leistungskurse, womit Konkurrenzdenken und frühzeitige Spezialisierung vermieden werden sollen.

Es werden keine Zensuren vergeben, sondern lediglich Lernberichte, die zweimal im Jahr in Gesprächen mit den Schülern und ihren Eltern dargelegt werden. Noten werden erstmals am Ende der achten Klasse vergeben. Ein Versagen im Sinne des Nichterreichens des Klassenziels ist im schwedischen Schulsystem nicht vorgesehen. Stattdessen wird lernschwachen Schülern oder Kindern aus sozialen Randgruppen innerhalb des schulischen Rahmens eine individuelle Förderung angeboten. Diese ist gesetzlich garantiert und wird in den regulären Unterricht integriert. „Für Schüler mit Lernschwierigkeiten wird ein Sonderunterricht angeboten, der von einem Speziallehrer der Arbeitseinheit abgehalten wird. Schüler mit schweren Problemen erhalten angepassten Unterricht mit Abweichungen vom normalen Lehrplan. Generell wird versucht, die Schüler möglichst in den Klassenverband zu integrieren oder, falls dieses nicht möglich ist, die Rückkehr in den Klassenverband und die Teilnahme am normalen Unterricht offen zu halten" (Anweiler, 1996, S. 199).

Die an die Grundschule anschließende dreijährige Oberstufe umfasst siebzehn Unterrichtsbereiche. Davon verknüpfen dreizehn die berufliche mit der allgemeinen Bildung und enden mit einer professionellen Qualifikation (z. B. Kinderpflegerin). Vier Fachrichtungen (Kunst, Naturwissenschaften, Sozialwissenschaften und Technologie) schließen mit einer Zugangsberechtigung für die Universität ab.

Die praktische Gestaltung des schulischen Alltags sowie die curriculare Planung obliegt den kommunalen Trägern bzw. den Schulen, die somit ein hohes Maß an Selbständigkeit erhalten.

5.2. Sozialstaatliche Leistungen

Die Kinderbetreuung stellt zusammen mit dem Kindergeld und der Elternversicherung ein tragendes Element der schwedischen Familienpolitik dar. Die Elternversicherung ist eine gesetzliche Versicherung, die von der Geburt eines Kindes an wirksam wird. Die Eltern erhalten 360 Tage lang achtzig Prozent eines Gehaltes bis zu einem Höchstsatz und weitere 90 Tage einen niedrigeren Betrag und bekommen eine gemeinsame Familienzeit ermöglicht.

Dennoch entspricht der Status Hausfrau/Hausmann in Schweden nicht der Norm. „In den letzten 25 Jahren stieg die Anzahl der erwerbstätigen Frauen zwischen 16 und 64 Jahren kontinuierlich mehr als in irgendeinem anderen Industrieland, bis sie 1985 bis 1990 einen Höhepunkt von 90% erreichte. 1993 waren 75% der Mütter mit Kindern unter 7 Jahren erwerbstätig.... Ein großer Teil davon (40%) war teilzeitbeschäftigt" (Oberhuemer & Ulich, 1997, S. 248). Die Einführung der steuerlich getrennten Veranlagung von Ehepartnern trug zu einem Anstieg der weiblichen Erwerbstätigkeit bei. Dass sich die Berufstätigkeit schwedischer Frauen immer mehr der Beschäftigungssituation der Männer angenähert hat, hängt mit den Lebenshaltungskosten zusammen. Diese sind so hoch, dass keine Familie von einem Gehalt leben kann.

5.3. Finanzierung außerfamiliärer Betreuungsangebote

Die schwedischen Kommunen beteiligen sich an der Finanzierung der Kinderbetreuung, die Eltern leisten einkommensabhängige Beitragszahlungen. Dagegen ist der Besuch der Vorschule für alle Kinder kostenlos und ab 2003 ist dies auch für den Kindergartenbesuch aller Drei- bis Sechsjährigen vorgesehen. Ebenso unentgeltlich wird den Kindern ein Mittagessen zur Verfügung gestellt.

5.4. Institutionelle Betreuungsformen

Die institutionelle Kinderbetreuung für Kinder im Alter von eins bis zwölf Jahren ist folgendermaßen aufgebaut (vgl. Tabelle 1):

- In KINDERTAGESSTÄTTEN befinden sich vorrangig die Ein- bis Sechsjährigen, häufig werden jedoch auch Kinder im Alter bis zwölf Jahre vor und nach dem Unterricht betreut.
- Hauptsächlich für die Sechsjährigen bieten die KINDERGÄRTEN täglich eine dreistündige kostenlose Betreuung an.
- In der kostenfreien OFFENEN VORSCHULE organisieren Kindergärtnerinnen und Vorschullehrer pädagogische Freizeit- und Lernprojekte für Kinder bzw. deren Eltern oder Betreuer.
- Bei den Kommunen beschäftigte Kinderpflegerinnen betreuen im Rahmen der FAMIILIENTAGESPFLEGE Kinder im Alter von null bis neun Jahren.

- In FREIZEITZENTREN (Freizeitheimen oder Freizeitklubs) können sich Kinder im Alter von sieben bis zwölf Jahren vor oder nach dem Unterricht aufhalten.

Tageseinrichtungen für Kinder- und Familientagespflege sind überwiegend Angebote der Kommunen. Seit 1991 ist eine Zunahme der nicht-kommunalen Tageseinrichtungen zu verzeichnen.

Tabelle 1: Tageseinrichtungen und Betreuungsangebote für Kinder (nach Oberhuemer & Ulich, 1997, S. 250)

Einrichtung/ Betreuungsangebot	Alter der Kinder / Versorgungsgrad	Öffnungszeiten	Zuständigkeit
dagham (Kindertagesstätte)	0- bis 6-Jährige (39%)	6.30-18.00 Uhr	bis 1996: Ministerium für Soziales, ab 1997: Ministerium für Bildung und örtliche Behörden
deltidsgrupper (Kindergarten/ Vorschulgruppe)	hauptsächlich 6-Jährige, auch einige 4-, 5- und 7-Jährige*	3 Stunden, meist vormittags, manchmal nachmittags	bis 1996: Ministerium für Soziales, ab 1997: Ministerium für Bildung und örtliche Behörden
öppen förskola (offene Kinder- und Elterntreffs)	1- bis 6-Jährige*	einige Stunden am Tag	bis 1996: Ministerium für Soziales, ab 1997: Ministerium für Bildung und örtliche Behörden
familjedaghem (Familientagespflege)	0- bis 6-Jährige (12%) 7- bis 9-Jährige (8%)	nach Vereinbarung	örtliche Behörden
fritidshem (Hort)/ außerschulische Betreuung an der Schule	7- bis 9-Jährige (44%) 10- bis 12-Jährige (5%)**	vor der Schule/ nachmittags/ in den Schulferien	bis 1996: Ministerium für Soziales, ab 1997: Ministerium für Bildung und örtliche Behörden
Freizeitklubs (offenes Angebot)	10- bis 12-Jährige*	mindestens 4 Stunden täglich, in den Schulferien	örtliche Behörden

*: keine Angaben zum Versorgungsgrad; **: Hort und Familientagespflege

5.5. Pädagogische Leitlinien und curriculare Vorgaben

Grundlage ist ein ganzheitliches Lern- und Entwicklungsmodell, das alle Aspekte der kindlichen Erfahrungs- und Lebenswelt berücksichtigt (vgl. auch Oberhuemer, 2003). Dabei wird besonderer Wert darauf gelegt, dass Kinder, die aufgrund ihres Entwicklungsniveaus einer besonderen Unterstützung bedürfen, in den Regeleinrichtungen betreut und damit nicht ausgegrenzt werden. Über die individuelle Förderung der Kinder hinausgehend wird auch die Entwicklung einer demokratisch-solidarischen und sozial-verantwortlichen Grundhaltung als bedeutsam angesehen. Aktive Zweisprachigkeit und bikulturelle Identität stellen weitere Lernziele dar.

1997 erfolgte der Erlass eines Vorschulcurriculums, die Kindererziehung wurde zeitgleich aus der Sozialfürsorge ins Bildungswesen überführt. Per Gesetz sind die Kommunen zur Bereitstellung von Betreuungseinrichtungen verpflichtet. Gesetzlich definiert sind auch die Qualitätsvorgaben, die u. a. eine entsprechende personelle Ausbildung, eine geeignete Zusammensetzung der Kindergruppen sowie eine dem Zweck entsprechende Größe der Räume sichern. Das Pre-School Curriculum des Schwedischen Ministeriums für Erziehung und Wissenschaften beinhaltet aber keine didaktisch ausgearbeiteten Lernziele, vielmehr soll die Vorschule durch eine pädagogische Leitlinie charakterisiert werden, in welcher Fürsorge, Bildung und Lernprozesse eine Gesamtheit bilden. Pädagogische Aktivitäten sollen dahingehend ausgeführt werden, dass sie den Lernprozess und die Entwicklung des Kindes anregen und herausfordern. Das Interesse des Kindes am Lernen von neuen Erfahrungen, Wissen und Fertigkeiten soll in den Blickpunkt rücken und bestärkt werden (vgl. Gewerkschaft Erziehung und Wissenschaft, 2001, S. 5)

Die dem Lehrplan zugrunde liegende pädagogische Maxime basiert auf der Annahme, dass Kinder nicht lernen, weil Erwachsene sie etwas lehren. Die Lernleistung des Kindes besteht aus der Selektion der zur Konstruktion der eigenen Wirklichkeit relevanten Sinnesdaten. Bildung wird so als Selbstbildung verstanden, die sich im Kontext sozialer Beziehungen vollzieht (vgl. Eibeck, 2002, S. 16).

Dieses Verständnis kindlicher Lernprozesse findet seine konsequente Umsetzung in der Bereitstellung von Spielräumen sowie geist- und sinnanregenden Materialien. Kleine Gruppen von Kindern und verlässliche Beziehungen zu den Erwachsenen ermutigen die Kinder in ihrem Drang, die Welt zu erforschen.

5.6. Personalqualifikation und Betreuungsstandards

Die Arbeit von VorschullehrerInnen und FreizeitpädagogInnen in kommunalen Institutionen des Elementarbereiches erfordert die Absolvierung eines dreijährigen Studiengangs an der erziehungswissenschaftlichen Fakultät einer Universität (vgl. Tabelle 2). Zusätzlich sind in den Vorschulen zu 50% und in den Freizeitheimen zu 20% KinderpflegerInnen beschäftigt. Der Anteil männlicher Mitarbeiter in beiden Institutionen beträgt lediglich fünf Prozent und entspricht dem aktuellen Anteil in deutschen frühpädagogischen Institutionen.

Neben dem traditionellen Fächerkanon werden im Ausbildungsgang Vorschulpädagogik auch Bereiche wie Sprach- und Literaturkunde, Sozial- und Umweltwissenschaft, Kunst und Handwerk, Musik, Bewegung und Drama unterrichtet.

5.7. Zusammenfassung

Die schwedische Vorschulerziehung besitzt im Vergleich zur deutschen Kindergartenpädagogik gesellschaftlich und politisch einen wesentlich höheren Stellenwert. Dies wird u. a. im Curriculum für die Vorschulerziehung sichtbar, welches deutlich macht, dass bereits die ersten sechs Lebensjahre des Kindes eine explizit bildungsspezifische Relevanz zugesprochen bekommen. Entsprechend werden auch die Erziehungsleistungen der Eltern durch den Staat finanziell angemessen honoriert und gefördert. Allerdings ist das Recht auf einen Kindergartenplatz an die Erwerbstätigkeit beider Elternteile gebunden. Dies führt in der Folge zu einer deutlichen Benachteiligung nicht berufstätiger Frauen und ihrer Kinder. Auf der anderen Seite wird in der schwedischen Vorschulerziehung besonderer Wert auf eine hohe fachliche Qualifikation des pädagogischen Personals gelegt, was sich auch darin ausdrückt, dass etwa die Hälfte der MitarbeiterInnen über einen universitären Abschluss verfügt.

Die spezifischen pädagogischen Ideale der schwedischen Vorschulerziehung werden auch am Personalschlüssel erkennbar. Dieser gewährleistet ein vergleichsweise hohes Maß an persönlicher Zuwendung und ermöglicht eine stabile und verlässliche Beziehung zwischen den Kindern und den sie betreuenden Erwachsenen. Stärker als in Deutschland misst die schwedische Gesellschaft einer intensiven vorschulischen Bildungs- und Entwicklungsförderung eine besondere Relevanz bei, was sich auch in deutlich höheren Qualifikations-, Personal- und Ausstattungsstandards erkennen lässt. Diese sind trotz der aus finanziellen Gründen vorgenommenen Kürzungen im EU-Vergleich immer noch sehr hoch.

Tabelle 2: Personal: Ausbildung und Arbeitsfelder (nach Oberhuemer & Ulich, 1997, S. 256)

Berufsbezeichnung	Ausbildungsstruktur	Arbeitsfelder
förskollärare (Vorschulpädagogin)	Zugangsvoraussetzung: 12 Jahre Allgemeinbildende Schule (9 Jahre Pflichtschulbesuch, 3 Jahre höhere Sekundarschule) Ausbildung: 3 Jahre (6 Semester) an einer Hochschule für die Lehramtsausbildung bzw. an der erziehungswissenschaftlichen Fakultät einer Universität, Abteilung: „Kinder – und Jugendstudien"	daghem – Kindertageseinrichtung (ganztägig) für Kinder im Alter von 6 Monaten bis 12 Jahren teltidsgruppe („leksola") – Kindergarten/Vorschulgruppe, hauptsächlich für sechsjährige Kinder (geöffnet 3 Std. am Tag) öppen förskola – offene Kinder- und Elterngruppen für Kinder ab 1 Jahr Initiativ-Einrichtungen, hauptsächlich Elterninitiativen
Fritidspedagog (Freizeitpädagoge)	Zugangsvoraussetzung: 12 Jahre Allgemeinbildende Schule (9 Jahre Pflichtschulbesuch, 3 Jahre höhere Sekundarschule) Ausbildung: 3 Jahre (6 Semester) an einer Hochschule für die Lehramtsausbildung bzw. an der erziehungswissenschaftlichen Fakultät einer Universität, Abteilung „Kinder- und Jugendstudien" Abschluss: Universitätsdiplom in Kinder- und Jugendstudien (barn-och ungdomspedagogisk examen) – Spezialisierung Freizeitpädagogik	fritidshem (Horteinrichtung) skolan (Hortangebot der Grundschule) Freizeitklubs
bamskötare (Kinderpflegerin)	Zugangsvoraussetzung: 9 Jahre Pflichtschulbesuch mit Abschluss Ausbildung: Die dreijährige Ausbildung (mit 15 Wochen Praktikum) findet in der höheren Sekundarstufe statt. Seit 1992 stehen 16 Programmschwerpunkte zur Auswahl, u. a. „Kinderbetreuung und Freizeitpädagogik". Bis 1992 war die Ausbildung zweijährig, mit dem Schwerpunkt „Kinderpflege" Abschluss: Zeugnis der Obersten Schulbehörde (gleichzeitig Universitätszugangsberechtigung)	Sämtliche Tageseinrichtungen für Kinder (s. o.) – als Hilfskraft

5.8. Literatur

Anweiler, O. (1996). Bildungssysteme in Europa. Weinheim: Beltz.

Gewerkschaft Erziehung und Wissenschaft (2001). „Demokratie bildet die Grundlage der Vorschule ... .". Das schwedische Kita-Curriculum. GEW–Dokumente (Dok-2001/03/01). Frankfurt: GEW.

Eibeck, B. (2002). Wie Kinder ihren Lernweg finden. GEW-Zeitung Rheinland-Pfalz, 3-4, 16-17.

Oberhuemer, P. (2003). Bildungsprogrammatik für die Vorschule. Ein internationaler Vergleich. In W. E. Fthenakis (Hrsg.), Elementarpädagogik nach PISA (S. 38-56). Freiburg: Herder.

Oberhuemer, P. & Ulich, M. (1997). Kinderbetreuung in Europa. Weinheim: Beltz.

6. WAS BRAUCHEN KINDER, DAMIT DER SCHULSTART GELINGT?

IRIS HAUSMANN-VOHL

6.1. Zur Kooperation von Kindergarten und Grundschule

Seit Veröffentlichung der PISA-Studie ist der Kindergarten als Basis des Bildungssystems im Blickfeld des Interesses. BildungspolitikerInnen scheinen ihn „wiederentdeckt" zu haben, denn „Bildung beginnt nicht erst in der Schule"[4], wie die baden-württembergische Kultusministerin Schavan das neuerliche Interesse auf den Punkt bringt. Angesichts der schlechten Ergebnisse der PISA-Studie wird über die „richtige Schulvorbereitung" im Kindergarten und die „richtige Bildung" in der Schule diskutiert. Diese Debatte ist nicht neu. In den 1960er Jahren wurde sie schon einmal geführt. Die gesellschaftliche Bedeutung von Bildung als Wachstumsfaktor sowie internationaler Wettbewerbsfähigkeit war Ausgangspunkt für die damaligen Intelligenz- und Begabungsförderungsprogramme (z. B. Frühlesen) im Kindesalter. Damals wie heute wurden und werden Ängste geweckt, wonach unsere Kinder zu spät und zu wenig lernen.

Seit Beginn der 1970er Jahre finden sich bildungspolitische Verlautbarungen (z. B. Deutscher Bildungsrat, 1970; Bund-Länder-Kommission für Bildungsplanung, 1976), die eine Zusammenarbeit zwischen Kindergarten und Grundschule fordern, um Lernprozesse kontinuierlich zu gestalten. In der Folge dieser Verlautbarungen wurden von den Bundesländern Empfehlungen herausgegeben, die diese Zusammenarbeit regeln sollen. Nach wie vor bestehen aber Berührungsängste zwischen den Institutionen und vielerorts fehlt Zusammenarbeit. Keine Selbstverständlichkeit also, dass ErzieherInnen und LehrerInnen Kooperation als Teil des „normalen" pädagogischen Alltags verinnerlicht haben (vgl. Grossmann, 1994, S. 140). Mangelnde oder fehlende Zusammenarbeit ignoriert die betroffenen Kinder, denn heute gilt es als unbestritten, dass schulischer Lernerfolg u. a. auch davon abhängig ist, wie gut oder schlecht der Übergang in die Grundschule gemeistert wird. D. h. aber auch: nicht erst seit der PISA-Studie ist Kooperation beider Institutionen notwendig. Sie erhält jedoch vor diesem Hintergrund eine neue Dimension.

---

[4] Aus Pressemitteilung des baden-württembergischen Kultusministeriums vom 02.08.2002.

Ein kurzer historischer Rückblick auf die Entwicklung des Verhältnisses zwischen beiden Institutionen soll als Ausgangspunkt für die Ausführungen dienen. Voraus sei angemerkt, dass alle bisherigen Diskussionen über das Thema Parallelen mit den heutigen Reformbemühungen zeigen. Damals wie heute wird auch der Zusammenhang zwischen Erziehung, Bildung, Politik und Wirtschaft deutlich.

Daran anschließend werden *Herstellung von Kontinuität, Anpassung an die unterschiedlichen Schuleingangsvoraussetzungen* und *soziale Einbettung* als drei wichtige „Übergangsaspekte" sowie Gesichtspunkte der Elternarbeit beleuchtet, um die Notwendigkeit der Zusammenarbeit zu verdeutlichen. Auch Kooperationsschwierigkeiten werden thematisiert. Am Beispiel Rheinland-Pfalz sollen vorhandene Empfehlungen zur Konkretisierung in Erinnerung gebracht sowie die Neuregelung der Kooperation in Baden-Württemberg vorgestellt werden.

6.2. Historischer Rückblick

Das Verhältnis zwischen Schule und Kindergarten wird durch strukturelle und konzeptionelle Unterschiede bestimmt. Die Bildungsinstitution Schule hat als staatliche Pflichtleistung eine definierte Funktion und ist die ältere Einrichtung. Vorschulische außerfamiliäre Erziehung war seit ihren Anfängen im 19. Jahrhundert ein freiwilliges Zusatzangebot im Erziehungsbereich in überwiegend freier Trägerschaft. Als sozialfürsorgerische Maßnahme für Hilfsbedürftige der Arbeiterschicht hatte der Kindergarten lange den Ruf einer Nothilfeeinrichtung.

Dies, obwohl bereits Fröbel (1782-1852) die Idee der Bildungsfähigkeit des Vorschulkindes vorstellte und ein differenziertes stufenförmiges Erziehungs- und Bildungssystem entwickelte. Dem Kindergarten sollte die so genannte „Vermittlungsschule" zum Übergang in die Lernschule folgen. Fröbel forderte auch die Eingliederung des Kindergartens in das allgemeine Schulwesen (vgl. Macholdt & Thiel, 1995, S. 140). Dem wurde nicht entsprochen.

Rund sechzig Jahre später wurden durch sozialdemokratische und reformpädagogische Bestrebungen erneut Bildungsreformen angemahnt. So auch die Forderung nach Einbezug des Kindergartens ins allgemeine Bildungswesen. Aber die Reichsschulkonferenz 1920 und das Reichsjugendwohlfahrtsgesetz 1922 sorgten weiterhin für eine Abgrenzung beider Bereiche. Der Kindergarten wurde ohne eigenen Bildungsauftrag dem RJWG unterstellt.

Auch das Jugendwohlfahrtsgesetz (JWG), das 1961 dem RJWG folgte, bestätigte diese Trennung. Der vorschulischen Erziehung wurde erneut der gleichrangige Stellenwert mit der schulischen Bildung abgesprochen. Das beiderseitige Verhältnis war geprägt von gegenseitiger Abgrenzung und ignorierte die pädagogische Arbeit der jeweils anderen Institution (vgl. Macholdt & Thiel, 1995, S. 142).

Mit der von Picht (1964) festgestellten „Bildungskatastrophe" in der BRD, setzten Reformbemühungen für das Bildungswesen ein, die auch den Kindergarten in die öffentliche Kritik brachten. So wurde z. B. die Einführung eines obligatorischen „Vorschuljahres" zur Herstellung von Chancengleichheit aller Kinder bei Schuleintritt gefordert, um Kindern aus sozial schwachem Milieu kompensatorische Erziehung zu ermöglichen. Auch die flexible Gestaltung des Schuleintritts wurde diskutiert.

1970 wurde der Kindergarten als unterste Stufe bzw. Elementarbereich in das Bildungssystem integriert. In Modellversuchen wurden unterschiedliche Varianten der Zuordnung von Fünfjährigen erprobt. Diese erbrachten keine eindeutige Antwort auf die Frage nach dem besten Ort der Förderung. Die Entwicklung von Vorschul-Curricula, die Abkehr von Vorklassenmodellen und der Geburtenrückgang beendeten den Streit um die Zuordnung der Fünfjährigen. Der Fokus richtet sich seitdem auf Kontinuität im Bildungsverlauf, um Übergangsprobleme zu vermeiden. Angemessene Verständigung und Kooperation zwischen ErzieherInnen und LehrerInnen sollten deshalb im Mittelpunkt stehen.

Der Kindergarten kämpfte also von Anbeginn mit seiner gesellschaftlichen Legitimation, da er bildungspolitisch vernachlässigt wurde, „während die Schule als staatliche Bildungsinstanz in ihrer Existenzberechtigung für alle Kinder nicht in Frage gestellt wurde" (Macholdt & Thiel, 1995, S. 139). Die Funktion der Schule als *Lernstätte* und die des Kindergartens als *Spielstätte* wirkte sich auch auf das berufliche Selbstverständnis von ErzieherInnen und LehrerInnen aus: hier hochqualifizierte, gut bezahlte und angesehene LehrerInnen und dort bis heute weniger qualifizierte, schlecht bezahlte ErzieherInnen mit geringem sozialem Ansehen. Diese Zuschreibungen tragen bis heute zur Abgrenzung beider Bereiche bei.

Vorzufinden ist gegenwärtig eine sehr unterschiedliche Kooperationspraxis zwischen Kindergarten und Grundschule. So gibt es einerseits intensive aber andererseits auch punktuelle Zusammenarbeit. Vielfach findet keine Zusammenarbeit statt. Die Kinder werden vom Kindergarten in die Grundschule abgegeben, ohne dass dieser Übergang zwischen ErzieherInnen und LehrerInnen aufeinander abgestimmt wird. Die Beliebigkeit der Kooperation und ihre Anhängigkeit vom Engagement der Lehrkräfte und ErzieherInnen wird durch die unterschiedliche Kooperationspraxis deutlich.

Dies alles, obwohl beide Einrichtungen in den letzten Jahren Veränderungen durchgemacht haben, die als (zumindest organisatorische) Annäherung betrachtet werden können. So z. B. veränderte Öffnungszeiten im Kindergarten aber auch in der Schule (Volle Halbtagsschule) oder die Einführung so genannter Ganztagsschulen (z. B. in Rheinland-Pfalz).

Seit einigen Jahren gibt/gab es in mehreren Bundesländern (z. B. Baden-Württemberg, Bremen, Hessen, Rheinland-Pfalz) Modellklassen oder Modellversuche, die zum Ziel haben, den Schulanfang durch jahrgangsübergreifende Konzepte neu zu strukturieren. Gemeinsamer Nenner ist: die Grundschule hat sich auf die heterogene Zusammensetzung der Eingangsklassen einzustellen und die Voraussetzungen und Bedürfnisse der einzelnen SchulanfängerInnen aufzunehmen. Diese Tatsache impliziert eine Zusammenarbeit zwischen Kindergarten und Grundschule. Als ein Beispiel soll hier verwiesen werden auf die Ergebnisse des Modellversuchs des Landes Rheinland-Pfalz und des Bundesministeriums für Bildung von 1992-1996: *Integration von Spielpädagogik, Schulpädagogik und Sozialpädagogik im Primarbereich: Die „Lern- und Spielschule"* (Staatliches Institut für Lehrerfort- und Weiterbildung, 1997). Ziel war herauszufinden, wie die Primarstufe gestaltet sein muss, um in einer sich verändernden kindlichen Lebens- und Erfahrungswelt Persönlichkeitsentfaltung und Orientierung zu bieten.

6.3. Übergangsaspekte: Schaffung von Kontinuität, unterschiedliche Schuleingangsvoraussetzungen und soziale Einbettung

Der genaue Blick auf den Übergang spiegelt wichtige Aspekte in der Diskussion um die Reform der Schuleingangsphase, die zum Ziel hat, alle schulpflichtigen Kinder zum festgelegten Einschulungstermin aufzunehmen. Wenn alle Kinder eingeschult werden sollen, muss sich notwendigerweise die Schule ändern, um schwierige Schulneulinge aufzufangen. Seit dem Recht auf einen Kindergartenplatz ab drei Jahren wird auch nicht gefragt, ob das Kind „kindergartenreif" ist – es wird aufgenommen. Wenn also das Kind nicht angepasst ist, muss sich die Einrichtung anpassen. Weder für ErzieherInnen, LehrerInnen, Eltern und erst recht nicht für die Kinder ist mit diesen Vorstellungen das Problem des Übergangs aus der Sicht der „kritischen Lebensereignisse" (Filipp, 1981) gelöst.

Drei Aspekte scheinen von nachhaltiger Bedeutung:

Junge Kinder wachsen an Herausforderungen, besonders wenn sie diese bewältigen und die erforderlichen Hilfen dazu erhalten. Hilfe heißt im beschriebenen Zusammenhang, dass die *Schaffung von Kontinuität* notwendig ist. Auf betroffene Kinder in der Übergangssituation kommen einschneidende Änderungen bezogen auf Anforderungen, Bezugspersonen und Gruppenzusammensetzung zu. Im Hinblick darauf liegt es nahe, den Übergang vorzubereiten, um Brüche zu vermeiden. Übergangskontinuität schaffen heißt, dass Kinder individuelle Hilfen erhalten – sowohl im Kindergarten als auch in der Grundschule:

„Die Erziehungs- und Bildungseinrichtungen des Übergangsbereichs stehen vor der zentralen Aufgabe, die Kontinuität in ihren Bildungsbemühungen zu verbessern. Ohne Einheitlichkeit herstellen zu wollen und unter Wahrung der entwicklungsfördernden Herausforderung, die die Schule für die Kinder darstellt, müssen Erziehung und Bildung der Kinder im Vorschul- und Schulanfangsbereich besser aufeinander abgestimmt werden" (Faust-Siehl, Garlichs, Ramseger, Schwarz & Warm, 1999, S. 146)

Daraus lässt sich folgern, dass die Schule sich an die *unterschiedlichen Schuleingangsvoraussetzungen der Kinder* anpassen muss (vgl. Grundschulverband e. V.)[5]. „Die Grundschule hat die Aufgabe, die 'Schulfähigkeit' ihrer Schüler mit den Kindern selbst zu erarbeiten" (Faust-Siehl et al., 1999, S. 140; Hervorhebung dort) .

Diese Forderung des Grundschulverbandes verweist darauf, dass bei zu großer Unterschiedlichkeit schulische Maßnahmen zur Abmilderung zu treffen sind und somit die Schule auftretende Anpassungsprobleme zu bewältigen hat. Dass diese Tatsache die Zusammenarbeit zwischen Kindergarten und Grundschule notwendig macht, wurde schon weiter oben festgestellt.

Eine dritte Sichtweise verweist darauf, dass das Kind meistens als Einzelwesen angesehen wird und seine sozialen Beziehungen zu jüngeren, gleichaltrigen oder älteren Menschen bei Übergängen kaum beachtet und berücksichtigt werden. Für die Übergangsproblematik Kindergarten – Grundschule könnte dies bedeuten,

---

[5] Arbeitskreis Grundschule – Grundschulverband – e. V., Schloßstr. 29, 60486 Frankfurt/M. (gegründet 1969). Gibt die Veröffentlichungsreihe „Beiträge zur Reform der Grundschule" heraus.

Rücksicht zu nehmen auf die *soziale Einbettung* und befreundete Kinder soweit als möglich beisammen zu lassen. Die Beziehung zur Lehrerin oder zum Lehrer wird angebahnt, um miteinander vertraut zu werden. Beziehungsanbahnung erleichtert so die Anpassung in eine „neue Welt". Eingewöhnung kann sozusagen durch den Rückhalt der Beziehung geschehen. Auch hierfür ist Kooperation von ErzieherInnen und Lehrkräften unabdingbar.

6.4. Elternarbeit im Übergangsbereich

Lag bis zum Schuleintritt die erzieherische Verantwortung bei Kindergarten und Eltern, geht sie mit der Einschulung an die Grundschule über, die ebenso auf eine Kooperation mit den Eltern angewiesen ist, wenn sie ihrem Auftrag der Persönlichkeitsentwicklung des Kindes nachkommen will. Die Zusammenarbeit beider Institutionen erhält „Brückenfunktion", wenn sie die langfristig gewachsene Elternarbeit im Kindergarten einbezieht, um sie für einen kontinuierlichen Übergang zu nutzen.

Eltern sind meistens mit unterschiedlichen Formen der Elternarbeit vertraut und bieten oft ihr fachliches und kreatives Potenzial bei Kindergartenaktivitäten an. Dies kann auch von der Schule für eine Zusammenarbeit genutzt werden. Dem landläufigen Vorurteil, dass Eltern nur dann in die Schule bestellt werden, wenn es Probleme gibt und Eltern immer dann in die Schule kommen, wenn sie sich über LehrerInnen beschweren wollen, kann schon im Vorfeld des Schulbesuchs der Nährboden entzogen werden. Lehrkräfte vergeben also grundlegende Chancen einer guten Kooperation zwischen Elternhaus und Schule, wenn sie die im Kindergarten gewachsene Elternarbeit nicht zum Dialog und zur Schaffung einer Vertrauensbasis nutzen. Eine gute Verständigung zwischen Eltern und Lehrkräften kann auch die Bereitschaft der Eltern zur Wahrnehmung ihrer Mitwirkungsrechte in der Schule (Elternbeirat, Schulkonferenz etc.) fördern.

Konkrete Vorhaben von Kindergarten und Grundschule zum gegenseitigen Kennenlernen von Eltern und Lehrkräften im letzten Kindergartenjahr können z. B. sein:

- Ein Informationselternabend mit LehrerInnen der Grundschule im Kindergarten im November (Themen: Schulanmeldung, Schuluntersuchung, Schulvorbereitung im Kiga etc.)
- Ein Elternabend kurz vor den Sommerferien in der Schule, mit den zukünftigen ErstklasslehrerInnen (Informationen über die bevorstehende Einschulung). Damit Elternabende nicht am Informationsbedarf der Eltern vorbei ge-

plant werden, sollte der Elternbeirat mit in die Vorbereitungen einbezogen werden.
- Gemeinsame Feste und Feiern, abwechselnd in Schule und Kindergarten (insbesondere mit den zukünftigen Erstklasslehrkräften). Eine gute Möglichkeit zum Einbezug der Eltern bietet auch die Gestaltung der Einschulungsfeier.

Mit solchen Vorhaben kann die oft bestehende Verunsicherung und diffuse Angst der Eltern vor dem Schuleintritt vermindert werden. Auch die Basis für einen offenen Umgang miteinander kann auf diese Weise entstehen, um die gemeinsame Verantwortung für das Bildungsschicksal der Kinder zu übernehmen (vgl. Faust-Siehl et al., 1999, S. 202).

6.5. Erschwernisse der Kooperation zwischen Kindergarten und Grundschule

Weiter oben wurde bereits festgestellt, dass trotz Empfehlungen zur Zusammenarbeit durch die Kultusministerien die Kooperationspraxis sehr variiert. Bewusstes Hinblicken auf die Übergangssituation heißt für die betroffenen LehrerInnen und ErzieherInnen, sich ihrer Verantwortung zu stellen, denn

„der Schuleintritt stellt nicht nur die Kinder vor eine Bewährungssituation, sondern auch die Erwachsenen, die sie in der Vorbereitungs- und Übergangssituation begleiten. Wollen sie ihrer Verantwortung gerecht werden, heißt das: dazulernen, eigene Kompetenzen einbringen und weiterentwickeln" (Naumann, 1998, S. 40).

Scheinbar liegt verstärkter Handlungsbedarf auf Schulseite vor, denn an der Mitarbeit des Kindergartens scheitert die Zusammenarbeit in den seltensten Fällen (vgl. Nickel & Schmidt-Denter, 1995, S. 339).

Folgende Punkte können zu Schwierigkeiten führen:
- In beiden Ausbildungen hat die Übergangsthematik einen eher geringen Stellenwert. Durch den daraus resultierenden Wissensmangel wird das Problem oft nicht als ernst genug eingeschätzt.
- Es ergibt sich ein Zeitproblem: LehrerInnen arbeiten vormittags (Unterrichtsausfall bei Besuchen im Kindergarten). Hierher gehört auch die als kontraproduktiv einzuschätzende Rücknahme so genannter Kooperationsstunden (stundenweise Freistellung vom Lehrdeputat) für Zusammenarbeit, die einige Bundesländer an Grundschulen eingerichtet hatten.

- Auch hinsichtlich der Einzugsbereiche von Kindergarten und Grundschule zeigen sich Probleme, da diese oft nicht deckungsgleich sind und zu Unübersichtlichkeit in der Kooperation führen können.
- Schließlich existieren Berührungsängste und Vorurteile aufgrund von Statusunterschieden hinsichtlich Ausbildung, Bezahlung, Arbeitszeit.

„Vorurteile und gesellschaftlich gewachsene Einstellungen sind als Hindernisse und Schwierigkeiten nicht immer manifest; latent aber sind sie um so wirksamer und wirkungsvoller. Dieser Umstand ist der psychologische Hintergrund und die Keimzelle für viele Ungereimtheiten und Reserviertheiten; ja für Missverständnisse im Umgang miteinander" (Hacker 1998, S. 88).

Trotz der personellen Schwierigkeiten sowie der organisatorischen und didaktischen Unterschiede gibt es das übereinstimmende Ziel, die körperliche, geistige und seelische Entwicklung der Kinder zu fördern. Schulneulinge brauchen ErzieherInnen und Lehrkräfte, die dieses Ziel im Hinblick auf die bevorstehende Einschulung ernst nehmen und nicht nur als Auftrag verstehen, sondern auch umsetzen, damit der Übergang für jedes Kind gelingt (u. a. Griebel & Niesel, 2002; Hense & Buschmeier, 2002).

6.6. Gesetzliche Grundlagen/Empfehlungen an den Beispielen Rheinland-Pfalz und Baden-Württemberg

Ministerielle Erlasse und/oder Empfehlungen für die Zusammenarbeit zwischen Kindergarten und Grundschule gibt es z. B. in der Rheinland-Pfälzischen Grundschulordnung seit 1988. Bereits seit 1982 existiert hier ein Vollzugshinweis des Kultusministeriums. Ähnliches gilt auch für andere Bundesländer wie z. B. Bayern, Brandenburg, Niedersachsen, Nordrhein-Westfalen.

In der Grundschulordnung für Rheinland-Pfalz von 1983 (Kultusministerium Rheinland-Pfalz, 1983, S. 20f.) ist die Zusammenarbeit in § 8, Abs. 3 festgeschrieben:

> „Zielsetzung und Gestaltung von Unterricht und Schulleben
>
> ...
>
> (3) Die Grundschule arbeitet mit dem Kindergarten zusammen, um den Übergang in die Schule zu erleichtern. Sie fördert das Schulleben durch vielfältige Vorhaben.

Erläuterungen

...

3. Im Hinblick auf die Kontinuität der Erziehung kommt der Zusammenarbeit von Kindergarten und Grundschule als benachbarten Erziehungseinrichtungen eine besondere Bedeutung zu. Bei Wahrung der Eigenständigkeit und des jeweils spezifischen Erziehungs- und Bildungsauftrages von Kindergarten und Grundschule ist aber in einzelnen Bereichen eine enge Zusammenarbeit möglich und nötig. Das gilt insbesondere für

- die Zusammenarbeit zwischen Erziehern und Lehrern,
- eine didaktisch-methodische Abstimmung der pädagogischen Arbeit von Kindergarten und Grundschule,
- organisatorische Absprachen.

Die Zusammenarbeit wird gefördert durch gemeinsame Konferenzen, gegenseitige Besuche von Erziehern und Lehrern in der jeweils anderen Einrichtung, Besuche von Kindergartenkindern in der Grundschule und gemeinsame Veranstaltungen. Die Zusammenarbeit bewährt sich besonders beim Übergang vom Kindergarten in die Grundschule, wenn der Erstunterricht sich an die spielorientierte Lernform des Kindergartens anlehnt und in der besonderen Funktion der Erzieherinnen bei Fragen der Schulfähigkeit. Auf das Rundschreiben vom 26. Januar 1982 – Amtsbl. Nr. 6/82, S. 242-244 – wird hingewiesen".

Alles Wesentliche zur Zusammenarbeit im Übergangsbereich steht also schon seit zwanzig Jahren in der Grundschulordnung und ist nach wie vor hochaktuell. Im oben zitierten Rundschreiben des Kultusministeriums (Kultusministerium Rheinland-Pfalz, 1982) an die Grundschulen werden Empfehlungen zur Konkretisierung der Zusammenarbeit ausgesprochen. Seit ihrem Erscheinen werden sie aber eher halbherzig genutzt und ausprobiert. Im Rundschreiben wird darauf verwiesen, die Vorschläge nicht als starres Schema zu verstehen, sondern sie an die Gegebenheiten vor Ort anzupassen. Weder Lehrkräfte noch ErzieherInnen können sich also einer Zusammenarbeit mit dem Argument entziehen, dass es an praktikabeln Vorschlägen fehle.

Im September 2002 wandte sich Bildungsministerin Ahnen an alle Grundschulen, Träger und ErzieherInnen der Kindertagesstätten in Rheinland-Pfalz, um eine intensive Zusammenarbeit zwischen Grundschulen und Kindergärten anzuregen[6], die sie für unverzichtbar hält. Es werden zukünftig vermehrt gemeinsame Fortbildungen mit ErzieherInnen und Grundschullehrkräften stattfinden. Hier können die wechselseitigen Probleme kennen gelernt und auch Erfahrungen ausgetauscht werden.

Im Kindertagesstättengesetz von Rheinland-Pfalz und seinen Ausführungsrichtlinien ist die Kooperation zwischen Kindergarten und Grundschule nicht aufgenommen. Angesichts der Novellierung des Gesetzes 2002 eine verpasste Gelegenheit, bedenkt man die zuvor genannten Anstrengungen der Bildungsministerin.

Ein Beispiel für positive Weiterentwicklung der Zusammenarbeit zwischen Grundschule und Kindergarten gibt das Land Baden-Württemberg. Dort wird zügiger vorangeschritten. In einer gemeinsamen Verwaltungsvorschrift von Kultus- und Sozialministerium[7] werden Kindergärten und Grundschulen ab 01.08.2002 zur engen Kooperation verpflichtet. Ziele und Formen der Kooperation wurden in Zusammenarbeit mit den Trägerverbänden der Tageseinrichtungen und Kindergarten – FachberaterInnen formuliert. Als Kooperationsbeauftragte des Landes stehen eigens geschulte Lehrkräfte zur Beratung und Fortbildung von Schulen bereit. Die Fortbildungen stehen auch ErzieherInnen offen. Die Beauftragten stehen im Kontakt mit Institutionen, die für die Bildungsarbeit im Übergangsbereich wichtig sind.

6.7. Was brauchen Kinder, damit der Schulstart gelingt?

Die nachfolgenden Forderungen in Form eines 8-Punkte-Plans sind keine Soll-Forderungen, sondern *Notwendigkeiten*, um diese Frage hinreichend zu beantworten.

1. Wissen besitzt in unserer Gesellschaft eine zentrale Rolle. Das Bildungssystem hat die Rolle der Wissensvermittlung und muss den Kindern heute mehr denn je dabei helfen, Wege in ein eigenverantwortliches Leben zu finden (vgl. Hentig, 2001).

---

[6] Aus: Pressemitteilung des Ministeriums für Bildung, Frauen und Jugend, Rheinland-Pfalz, vom 28.09.2002.
[7] www.kultusministerium.baden-wuerttemberg.de/foren/grundschule [30.08.2002].

Bildungsprozesse haben sich deshalb an den Lernenden zu orientieren (vgl. Faust-Siehl et al., 1999, S. 160). Der Übergang in die Grundschule als gesellschaftlicher Basisinstitution macht diese bewusste Orientierung notwendig, damit ein für die Kinder kontinuierlicher Verlauf entsteht. Nur so kann die Schule die im Kindergarten geförderten Kompetenzen abrufen und sie für sich nutzen, um eine gemeinsame pädagogische Gestaltung des Übergangs mit dem Kindergarten zu erreichen.

2. Der Kindergarten trägt zur Persönlichkeitsentfaltung des Kindes bei. Er weckt Lernfreude und Lernbereitschaft und legt damit die Grundlagen für den Schulunterricht, ohne dabei schulische Inhalte vorweg zu nehmen. Der Kindergarten hat keine ‚Zubringerdienste' zu leisten (vgl. Wiemer, o. J., S. 107), da Schulanfänger eine Übergangszeit zur Eingewöhnung in schulische Lebens-, Arbeits- und Lernformen brauchen.

3. Alle Lernvorgänge der frühen Kindheit tragen zur Schulbereitschaft und Schulfähigkeit bei. Maßgebend für die Beurteilung der Schulfähigkeit ist ein Gesamteindruck aus vielen Teilaspekten (vgl. Stuck in diesem Band). Die Entscheidung über die Einschulung ist deshalb in enger Zusammenarbeit zwischen Eltern, ErzieherInnen und LehrerInnen zu fällen. Wenn feststeht, dass Kinder den Anforderungen der ersten Klasse nicht genügen werden, sollten Fördermöglichkeiten vorhanden sein.

4. Verzicht auf die Rückstellung vom Schulbesuch heißt nicht automatisch auch Verzicht auf Schuleingangsdiagnostik. Mit Hilfe von Testverfahren (z. B. Sprachtests) oder über Beobachtung, auch mit Hilfe von Beobachtungsbögen, wie z. B. dem Beobachtungsbogen für Kinder im Vorschulalter (Duhm, 1980), kann versucht werden, den Leistungsstand des Kindes zu ermitteln und bei Defiziten geeignete Fördermöglichkeiten einzuleiten. Schuleingangsdiagnostik behält ihre Legitimation, da sie viele Informationen über das Kind in seinen Lebenszusammenhängen enthält, die für individuelle Hilfen im Anfangsunterricht dienen können. Zentrales Element der Schuleingangsdiagnostik ist die Arbeit im Team zwischen LehrerInnen und ErzieherInnen.

5. Der Kindergartenbesuch ist bei uns freiwillig und kostenpflichtig. Die Schattenseite dieser Freiwilligkeit offenbart, dass es immer noch Kinder gibt, die nicht in den Genuss von familienergänzender Erziehung und Bildung kommen, obwohl sie diese dringend benötigen. Denn „je niedriger der Sozialstatus der Eltern und je geringer das Familieneinkommen, desto weniger wahrscheinlich ist der Kindergartenbesuch" (Faust-Siehl et al., 1999, S. 145). Seit 1996 besteht das Recht auf einen Kindergartenplatz ab drei Jahren, doch solange der gesetzliche Anspruch nicht damit verbunden wird, „die Strukturen der Kleinkindererziehung generell zu überdenken" (Faust-Siehl et al.,

1999, S. 145) wird kein Abbau dieser sozialen Ungleichheit stattfinden. Eine kostenfreie Kindergartenpflicht im letzten Kindergartenjahr würde helfen, dieser Tatsache entgegen zu wirken und die Funktion des Kindergartens als Bildungseinrichtung stärken.

6. Die gemeinsame pädagogische Grundlage von Kindergarten und Grundschule ist die Förderung der Gesamtpersönlichkeit des Kindes. Um Entwicklungskontinuität zu gewährleisten ist die Zusammenarbeit zwischen beiden Institutionen unverzichtbar. Eine Konsequenz derzeitiger Reformdiskussionen sollte sein, dass Zusammenarbeit zwischen Kindergarten und Grundschule bildungspolitischer Standard auf Bundesebene wird. Für die Praxis heißt das: Kooperation wird zum Dienstauftrag, da alle beteiligten Behörden und Träger die Notwendigkeit der Zusammenarbeit zwischen beiden Institutionen im Interesse einer kontinuierlichen Entwicklung der Kinder sehen. Auf Bundesebene ist eine gesetzliche Grundlage zu schaffen, die Richtlinien zur Umsetzung auf Länderebene vorgibt. Diese garantiert fördernde Bedingungen, wie Verankerung in der Arbeitszeit, gemeinsame Fortbildungen, Beratung, Supervision etc. Das baden-württembergische Beispiel zeigt in eine nachahmenswerte Richtung.

7. Die bildungspolitische Diskussion sollte auch die Ausbildung von Lehrkräften und ErzieherInnen thematisieren. Es erscheint notwendig, das Verständnis von ErzieherInnen für das Bildungsgeschehen der Schuleingangsstufe und das der Grundschullehrkräfte für den Kindergarten bereits in der Ausbildung wechselseitig zu fördern und zu intensivieren. Zu denken wäre hier auch an ein mehrwöchiges zielorientiertes Praktikum in der jeweils anderen Institution (vgl. Hense & Buschmeier, 2002, S. 73). Auf diese Weise können beide Berufsgruppen erkennen, dass die Erarbeitung der Schulfähigkeit eine gemeinsame Aufgabe ist.

Professionalisierung beider Berufsgruppen bedeutet, dass sie gemeinsam in der Lage sind, eine Balance zwischen den Erwartungen und Befürchtungen der Eltern, den Möglichkeiten bzw. Bedürfnissen der Kinder und den Anforderungen der Schule herzustellen. Dies kann gelingen, wenn ErzieherInnen und Lehrkräfte sich darüber klar werden, dass sie eigene Sichtweisen über Schulfähigkeit haben. Diese sollen als eine Grundlage von Zusammenarbeit innerhalb beider Berufsgruppen geklärt und aktualisiert sowie gegenseitig ausgetauscht werden.

8. Als Alternative zur gegenwärtigen Einschulungspraxis und der oft mangelnden Zusammenarbeit zwischen Kindergarten und Grundschule ist eine pädagogische Reform der Eingangsstufe vorstellbar. Mögliche Kennzeichen einer „kinderfähigen" Schule sind:

- Schulinhalte werden an Lernvoraussetzungen der Kinder ausgerichtet. Integrationsversuche behinderter Kinder in die Grundschule lassen es paradox erscheinen, Kinder auszusondern, die als „nicht schulreif" gelten. Die „kinderfähige" Schule zeichnet sich dadurch aus, dass sie schulpflichtige Kinder mit unterschiedlichen Voraussetzungen aufnimmt und angemessen fördert. Die Schule ist gefordert, sich dem gravierenden Wandel zu stellen und ihre inneren Strukturen kindgemäß zu verändern.
- Förderung orientiert sich an gesellschaftlich notwendigen Lehr- und Lernzielen sowie an Schlüsselqualifikationen, denn „die Schule, die sich auf Vermittlung von Faktenwissen für eine unbekannte Zukunft beschränkt und den Kindern nicht dabei hilft, ihre sozialen Probleme in der Gegenwart zu lösen, ist eine schlechte Schule" (Schöler, 1993, S. 151).
- Jahrgangsübergreifende Gruppen ermöglichen flexible Verweildauer im Erstunterricht. Z. B. beträgt unter Berücksichtigung der individuellen Lernvoraussetzungen die Verweildauer in der Anfangsklasse zwei bis drei Jahre. Individualisierter und differenzierter Anfangsunterricht werden gefördert, ohne die Integration aller Kinder aus dem Auge zu verlieren. ErzieherInnen werden in die Schuleingangsphase integriert, denn die Entwicklung der Schulfähigkeit aller Kinder soll durch Zusammenführen von grundschulpädagogischer und sozialpädagogischer Arbeit ermöglicht werden. Dies sind/waren Vorgaben der Genehmigungsbehörden für entsprechende Schulversuche.
Dadurch verändern sich Unterrichtsorganisation und Tagesablauf: der Frontalunterricht wird durch individuelle Arbeitsweisen durch Tages-Wochenpläne, Stationenlernen und Projektarbeit ersetzt. Aus den Klassenräumen werden Lebensräume mit Funktions- und Rückzugsbereichen. Soziales Lernen ist durch den Altersunterschied „inbegriffen".
- KindergartenfreundInnen werden möglichst gemeinsam in eine Klasse eingeschult, um Ressourcen zu nutzen, die gewachsene Beziehungen in einer Übergangssituation zur Anpassung an die neue Situation leisten.

Der Kreis zur derzeitigen durch die PISA-Studie ausgelösten Diskussion um die vorschulische Förderung schließt sich. Eine bildungspolitische Lösung (auf Bundesebene), die eine Basis für realistische Kooperation schafft, ist noch nicht in Sicht. Zudem würde sie erhebliche finanzielle Belastungen mit sich bringen (z. B. kostenlose Kindergartenpflicht im Jahr vor der Einschulung, Kooperationsstunden als Arbeitszeit etc.). Leere Kassen sollten jedoch kein Grund sein, die Verpflichtung zur kontinuierlichen Zusammenarbeit als ein Qualitätsmerkmal von Kindergarten und Grundschule einzuführen. Diese Verpflichtung ist die Basis, damit der Übergang vom Kindergarten in die Grundschule nicht Bruch, sondern Brücke in der Bildungs- und Lernbiographie von Kindern wird.

6.8. Literatur

Duhm, E. (Hrsg.). (1980). Beobachtungsbogen für Kinder im Vorschulalter 4-6 (BBK) (2. Aufl.). Braunschweig: Westermann.

Bund-Länder-Kommission für Bildungsplanung (1976). Fünfjährige in Kindergärten, Vorklassen und Eingangstufen. Stuttgart: Klett.

Deutscher Bildungsrat (1970). Strukturplan für das Bildungswesen. Stuttgart: Klett.

Faust-Siehl, G., Garlichs, A., Ramseger, J., Schwarz, H. & Warm, U. (1999). Die Zukunft beginnt in der Grundschule. Reinbek: Rowohlt.

Filipp, S.-H. (1981). Kritische Lebensereignisse. München: Urban & Schwarzenberg.

Griebel, W. & Niesel, R. (2002). Abschied vom Kindergarten. Start in die Schule. Grundlagen und Praxishilfen für Erzieherinnen, Lehrkräfte und Eltern. München: Don Bosco.

Grossmann, W. (1994). KinderGarten (2. Aufl.). Weinheim: Beltz.

Hacker, H. (1998). Vom Kindergarten zur Grundschule (2. Aufl.). Bad Heilbrunn: Klinkhardt.

Hense, M. & Buschmeier, G. (2002). Kindergarten und Grundschule Hand in Hand. München: Don Bosco.

Hentig, H. von (2001). Warum muss ich zur Schule gehen? Eine Antwort an Tobias in Briefen. München: Hanser.

Kultusministerium Rheinland-Pfalz (1982). Zusammenarbeit zwischen Kindergarten und Grundschule. Amtsblatt 6/82 (S. 242-244). Mainz: Kultusministerium.

Kultusministerium Rheinland-Pfalz (1983). Grundschulordnung Rheinland-Pfalz. Grünstadt: Sommer.

Macholdt, T. & Thiel, T. (1995). Der Übergang vom Elementar- zum Primarbereich. In J. Zimmer (Hrsg.), Enzyklopädie Erziehungswissenschaft (Bd. 6) (S. 138-152). Stuttgart: Klett.

Naumann, S. (1998). Was heißt hier schulfähig? Ravensburg: Ravensburger Buchverlag.

Nickel, H. & Schmidt-Denter, U. (1995). Vom Kleinkind zum Schulkind (5. Aufl.). Basel: Reinhardt.

Picht, G. (1964). Die deutsche Bildungskatastrophe. Freiburg: Olten.

Schöler, J. (1993). Integrative Schule – Integrativer Unterricht. Reinbek: Rowohlt.

Staatliches Institut für Lehrerfort- und Weiterbildung – Haus Saarburg (Hrsg.). (1997). Die Spiel – und Lernschule. Saarburg: SIL.

Wiemer, B. (o. J.). Der Übergang vom Kindergarten in die Grundschule. Landau: Universität.

7. SCHULFÄHIGKEIT – ALTER BEGRIFF, NEUE IDEEN?

ANDREA STUCK

Seit den Diskussionen um die schlechten Ergebnisse der deutschen Schülerinnen und Schüler in der PISA-Studie ist die „Schulfähigkeit" der Kinder verstärkt in den Mittelpunkt des Interesses gerückt. So stellen sich eine Reihe von Fragen in Bezug auf einen erfolgreichen Start in die Bildungskarriere im Elementarbereich „Kindergarten": Welche Kompetenzen sollen Kindergartenkinder schon im Kindergarten erlangen? Konkret: Sollen schon erste Lese- und Mathematikübungen oder gar Fremdsprachen für die Schule fähig machen? Soll der Kindergarten damit vorab Inhalte der Schule vermitteln? Sollen Kinder früher als bisher eingeschult werden? Usw.

Neben all diesen Fragen, die eher das System „Kindergarten" betreffen, darf nicht vergessen werden, dass es besonders die Eltern kurz vor Eintritt des Kindes in die Grundschule interessiert, ob ihr Kind „schulreif" und damit den Anforderungen des Unterrichts gewachsen ist.

7.1. Rückblick

Die Idee der Schulfähigkeit bzw. Schulreife ist nicht neu. Der Begriff der „Schulreife" stammt aus den 50er Jahren des letzten Jahrhunderts, als Wissenschaftler zum ersten Mal eine breite Öffentlichkeit auf den Zusammenhang zwischen mangelnder Schulreife und Misserfolgserlebnissen im Unterricht bzw. Sitzenbleiben aufmerksam machten. Damals galten in der Entwicklungspsychologie noch sogenannte „biogenetische Reifungstheorien". Man glaubte, dass die „Schulreife" das Ergebnis von Reifung ist, die von außen aber kaum beeinflussbar ist. Aus diesem Grund wurden die Kinder auch kaum gefördert, sondern man stellte sie vom Schulbesuch zurück, um ihnen ein Jahr der Nachreife zu geben.

Schon im Verlauf der 60er Jahre regte sich Kritik gegen diesen Ansatz. Neuere Ergebnisse aus der Verhaltenstheorie zeigten, dass Lernvorgänge die Entwicklung des Kindes beeinflussen können. Die intellektuelle Leistungsfähigkeit ist nicht nur durch Begabung, sondern auch durch Fördermaßnahmen beeinflussbar. Man glaubte, dass diese Fördermaßnahmen um so erfolgversprechender sind, je früher sie einsetzen. Das Reifemodell wurde so durch ein lern- und fähigkeitsorientiertes Entwicklungsmodell abgelöst. Und damit vollzog sich auch ein Wechsel in der theoretischen Orientierung des Schulreifekonstrukts. Der Begriff der „Schulreife" wird durch „Schulfähigkeit" ersetzt. Die Folge für die pädagogische Praxis war außer einer Frühförderung im Kindergarten auch eine gezielte Schulfähigkeitsförderung (z. B. in Schulkindergärten). Aus dieser Zeit stammen auch die altbekannten Vorschul- und Trainingsmappen, mit deren Hilfe die Kinder zur Schulfähigkeit gefördert werden sollten.

Aber auch an den lern- und fähigkeitsorientierten Schulfähigkeitsmodellen wurde Kritik geäußert, denn Forschungen wiesen immer mehr auf die Bedingungen der Umwelt und die Anforderungen des Anfangsunterrichts, welche die Schulfähigkeit beeinflussen, hin (Nickel & Schmidt-Denter, 1995). Es zeigte sich, dass es in Schulsystemen, die eher einen kindzentrierten Anfangsunterricht anbieten und die auf die individuelle Lernfähigkeit eingehen (z. B. Montessori-Schulen) kein Schulfähigkeitsproblem in dem Ausmaß gibt, wie dies für das allgemeine Schulsystem der Bundesrepublik gilt und diskutiert wurde (Baumann & Nickel, 1997; Nickel, 1991).

Um das „Problem" der Schulfähigkeit zu lösen, sollten nicht nur die Lernvoraussetzungen der Kinder, sondern auch die Anforderungen des Anfangsunterrichts berücksichtigt werden. Diese beiden wichtigen Aspekte sollen sich gegenseitig bedingen.

Seit Beginn der 80er Jahre setzte sich als Konsequenz der neueren Entwicklung innerhalb der Psychologie ein solcher Ansatz durch, der neben dem Schüler auch die Schule und die Umwelt in den Mittelpunkt stellt: das „ökologisch-systemische Schulfähigkeitsmodell" (Nickel, 1981; Nickel & Schmidt-Denter, 1995). Es kann als das heute gültige Schulfähigkeitsmodell bezeichnet werden.

7.2. Das ökologisch-systemische Schulreifemodell nach Nickel

Die ökologische Perspektive in der Entwicklungspsychologie geht davon aus, dass die Menschen in ein Ökosystem integriert sind, zu dem die biologischen Lebensbedingungen, soziale Partner, Gruppen, Institutionen sowie die Kultur, Normen und Werte der Gesellschaft gehören (Bronfenbrenner, 1981).

Die Umwelt des Individuums ist ständigen Veränderungen unterworfen und wirkt sich auf die Entwicklung des Menschen aus. Eine Entwicklung unabhängig von dieser Umwelt ist in diesem Modell undenkbar, sie wird als Interaktionsprozess zwischen dem Individuum und den Angeboten der ihn umgebenden Umwelt verstanden.

Darüber hinaus richtet das ökopsychologische Schulfähigkeitsmodell seinen Blick weg vom einzelnen Schüler (wie in traditionellen Modellen) hin zum gesamten Ökosystem (z. B. Familie, Schulklasse, Region, Gesellschaft), mit dem das Individuum untrennbar verbunden ist und das die „Schulfähigkeit" beeinflusst (Nickel, 1991).

7.3. Beschreibung des ökologisch-systemischen Schulfähigkeitsmodells

Abbildung 1: Ökologisch-systemisches Schulfähigkeitsmodell: Die Einschulungsproblematik als Wechselbeziehung der Teilsysteme Schule, Schüler und Ökologie (nach Nickel, 1990)

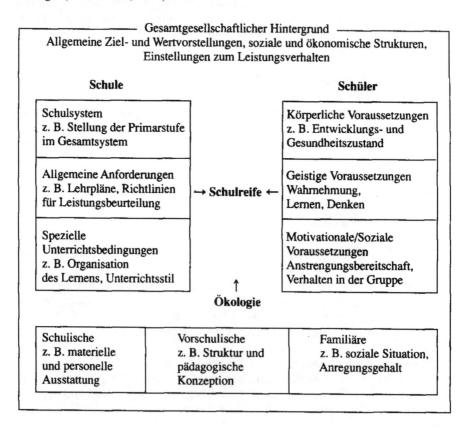

„Schulfähigkeit" ist im ökologisch-systemischen Modell in ein System verschiedener ökologischer Teilkomponenten (Schule, Schüler, Ökologie, Makrosystem) integriert. Die folgende Abbildung spiegelt den Zusammenhang dieser Teilkomponenten wider und erklärt somit den Begriff „Schulfähigkeit".

„Schule" untergliedert sich in die Bereiche Schulsystem, allgemeine Anforderungen und die speziellen Unterrichtsbedingungen (vgl. Abbildung 1).

Sie repräsentiert in diesem Modell die Kultur einer Gesellschaft. Der Anfangsunterricht konfrontiert die Kinder unter Umständen erstmals mit Leistungsanforderungen und -kontrollen. Der Erfolg der Kinder in der Schule hängt wesentlich davon ab, wie hoch die Anforderungen im Anfangsunterricht gesetzt werden.

Schule wird hier nicht als unveränderbar angesehen, sondern sie vermag auf den individuellen Entwicklungsstand der Kinder einzugehen und die Anforderungen individuell zu gestalten (Nickel, 1981).

Der Aspekt *„Schüler"* wird durch die körperlichen, geistigen und die motivational-sozialen Voraussetzungen des Kindes bestimmt.

Nach Fthenakis (2000, S. 67ff.) muss das Kind beim Übergang vom Kindergarten in die Grundschule folgende Anforderungsbereiche bewältigen:

- Wandel der Identität
  Die Bildung der Identität ist ein wichtiger lebenslanger Prozess zur Erlangung der Handlungsfähigkeit in der Gesellschaft. Die Kinder sollten zu Beginn der Schulzeit bereit sein, die Identität „Schulkind" anzunehmen und sich als Teil der Gruppe „Schulklasse" zu verstehen. Ein negatives Selbstbild kann sich negativ auf die Motivation etwas zu leisten und damit auf den Schulerfolg auswirken.
- Rollenwandel
  Die soziale Rolle, welche das Kind in der Schule einnimmt, ist mit seiner sozialen Position in der Schulklasse verwoben. Die Erwartungen an das Verhalten des Kindes sind in der Schule andere als im Kindergarten. Die Anforderungen an das Kind steigen. Es kann zu Sanktionen kommen, sollte das Kind das Verhalten, das von ihm erwartet wird nicht zeigen. Das Kind muss zu Beginn des Schuleintritts eine angemessene persönliche Reife erreicht haben. Dies bedeutet, dass kindliches Verhalten (Aufgeschlossenheit, Interesse, Konzentrationsfähigkeit, Höflichkeit, Hilfsbereitschaft) und schulische Anforderungen zusammenpassen müssen.

- Wandel in den Beziehungen
  Durch den Eintritt in die Schule werden neue Beziehungen (neue Kinder in der Klasse; Lehrer) geknüpft oder verändern sich (Eltern-Kind-Beziehungen). Für das Wohlfühlen in der Schule ist die Atmosphäre zwischen Kind und Lehrer und den Kindern untereinander wichtig. Eine gute Atmosphäre kann sich positiv auf die Identität und den Schulerfolg auswirken.
- Pendeln zwischen zwei oder mehr Lebensbereichen
  Das Kind muss mit dem Übergang in die Schule zwischen verschiedenen Lebensbereichen (z. B. Elternhaus, Schule, Hort, Tagesmutter) pendeln und den verschiedenen Anforderungen umgehen können.

Die Aspekte „*Schüler*" und „*Schule*" sind nach ökopsychologischer Sicht auf gleicher Ebene zu sehen. Jede Dimension ist ohne die andere nicht denkbar, sie gehören untrennbar zusammen (Baumann & Nickel, 1997).

Die „*Ökologie*" umfasst den Wechselwirkungsprozess zwischen familiärer, vorschulischer und schulischer Umwelt.

Dass die Umwelt auf die Schulfähigkeit Einfluss hat, darauf wiesen auch Studien hin: der Besuch des Kindergartens wirkt sich unabhängig von dessen pädagogischer Konzeption positiv auf die Schulfähigkeit aus. Besonders Kinder aus einem anregungsarmen familialen Milieu profitieren demnach vom Besuch der Kindertagesstätte (Bründel & Hurrelmann, 1996).

Familie, Schule und Kindergarten müssen sich gegenseitig unterstützen sowie fördernd, integrierend und begleitend zusammenwirken. Nur so ist ein bruchloser ökologischer Übergang ohne negative Erlebnisse und Folgen möglich.

Auch das „*Makrosystem*" als die gesamtgesellschaftliche Situation ist in diesem Modell ein wichtiger Aspekt der „Schulfähigkeit". Das Makrosystem umfasst folgende Dimensionen (vgl. Conrad & Wolf, 1999):
- Die kulturellen und ideologischen Bedingungen
  (z. B. bestehende und anerkannte Werte und Normen einer Gesellschaft: Einstellungen zum Leistungsverhalten, zur Erziehung usw.)
- Die politisch-rechtlichen Bedingungen
  (z. B. Kindertagesstätten- oder Schulgesetze: Regelungen über die Einschulung, der Erziehungsauftrag der Schule, die Gestaltung des Übergangs in die Schule)

- Die Sozialstruktur
  (z. B. Soziales Netzwerk, soziale Institutionen, aber auch Wandel der Lebens- und Sozialisationsbedingungen)
- Die ökonomische Struktur
  (z. B. die wirtschaftliche Lage der Gesellschaft und deren Auswirkungen auf das Bildungssystem sowie die wirtschaftliche Lage des Einzelnen)

„Schulfähigkeit" wird in diesem ökosystemischen Modell nach Nickel als etwas verstanden, das sich in seiner Gesamtheit für jedes einzelne Kind konkret anders darstellt, da jede Teilkomponente (Schule, Schüler, Ökologie) sich im Einzelfall unterschiedlich darstellt oder die Schulfähigkeit unterschiedlich stark beeinflusst.

7.4. Schuleintritt als ökologischer Übergang

Der Übergang vom Lebensbereich Kindergarten in die Grundschule ist nicht nur als gesellschaftlicher Übergang zu verstehen, es handelt sich also nicht nur um die gesellschaftliche Setzung „Schuleintritt", sondern er besitzt in der Entwicklung des Kindes Bedeutung im Sinne eines „ökologischen Übergangs". Dieser Übergang macht eine Umstrukturierung des ökologischen Systems erforderlich, in dem sich Teilsysteme verändern (z. B. neuer Freundeskreis; Kindergartengruppe löst sich auf) oder neue Systeme (z. B. Schulklasse) hinzukommen. Diese Veränderungen innerhalb des Ökosystems des Kindes verlangt damit vom Kind die Fähigkeit, die neuen Gegebenheiten durch angemessene Strategien bewältigen zu können (Lompscher & Nickel, 1997, S. 16).

Zur Bewältigung des Übergangs benötigt ein Kind nach Fthenakis (2000, S. 73f.) folgende Basiskompetenzen:

- *Resilienz* als die „Fähigkeit, erfolgreich mit belastenden Lebensumständen und negativen Folgen von Stress umzugehen" (Wustmann, 2003, S. 107). Resilienz beinhaltet u. a. ein positives Selbstkonzept, ein Regelbewusstsein, die Fähigkeit zu konstruktivem Denken; die Fähigkeit, sich in verschiedenen kulturellen und sozialen Umwelten zu bewegen und mit unterschiedlichen Rollenerwartungen konstruktiv umzugehen; die Fähigkeit, Konflikte gewaltlos zu bewältigen; die Fähigkeit, Verantwortung zu übernehmen; Kreativität und Explorationslust sowie sachbezogenes Engagement und intrinsische Motivation (vgl. Fthenakis, 2000, S. 73f.).
- *Transitionskompetenz* als die Fähigkeit, Übergänge bewältigen zu können.
- *Lernmethodische Kompetenz*, nämlich die Fähigkeit zur Erschließung und Aneignung von Wissen sowie die Fähigkeit, Wissen kompetent und flexibel nutzen zu können. Zwei Kernkompetenzen sind von herausragender Bedeutung:

Die metakognitive Kompetenz (Lernen, wie man lernt: z. B. Arbeitstechniken, Strategien der Informationsbeschaffung und für Vorschulkinder von Bedeutung ist das ganzheitliche Lernen in lebensnahen Kontexten) und die Medienkompetenz (z. B. kritischer Umgang mit den Medien).

Der Übergang in die Grundschule sollte mit Blick auf die Stärkung dieser Basiskompetenzen stattfinden. Das Kind braucht die Fähigkeit und Bereitschaft zur Anpassung an die neu gegebene (Schul-)Umwelt (Nickel, 1991).

7.5. Bedeutung für das Kind

Abhängig davon, welche Erfahrungen das Kind mit seiner Umwelt gemacht hat und abhängig von seiner spezifischen Lebens- und Sozialisationsgeschichte kann der Schuleintritt sehr unterschiedlich verlaufen und sich je nach Gestaltung beeinträchtigend oder fördernd auf die weitere Entwicklung auswirken. Nach Nickel (1990, S. 222) können bei entsprechender Gestaltung entwicklungsfördernde Potenziale wie „größeres Orientierungsstreben, Veränderung des Anspruchsniveaus, Bereitschaft zur Umorientierung und die Entwicklung von Strategien zur sozialen Anpassung" festgestellt werden, die sich wiederum positiv auf den Schulerfolg auswirken. Übergänge, die nicht entsprechend gestaltet werden, indem beispielsweise zu hohe oder zu geringe schulische Anforderungen gestellt werden, können sich hemmend auf die Entwicklung und die Entfaltung der genannten Potenziale auswirken (Baumann & Nickel, 1997).

Durch individualisierte und differenzierte Unterrichtsbedingungen und durch entsprechende materielle und personelle Ausstattung kann auf den individuellen Leistungsstand der Kinder eingegangen werden.

Der Schulerfolg des Schülers hängt wesentlich von der „Schule", aber auch besonders vom Lehrerverhalten sowie dessen Unterrichtsstil ab.

7.6. Konsequenzen für die Erfassung der Schulfähigkeit

Die Gestaltung eines kindgerechten Übergangs in die Grundschule ist den bisherigen Ausführungen zufolge ein wichtiges Ziel für Erzieherinnen und Lehrer. Welche Maßnahmen können die beteiligten Pädagogen ergreifen, um die Kinder bei diesem wichtigen Schritt zu begleiten?

Es ist schon angedeutet worden: eine Zusammenarbeit und Kooperation zur Gestaltung des Schulanfangs ist notwendig. Erzieherinnen, die das Kind in dessen Kindergartenzeit kennen gelernt haben, können wertvolle Informationen über den

Entwicklungsstand und Persönlichkeit an die Grundschule weitergeben. Diese kann dann gezielt auf die Individualität des Kindes eingehen.

Mithilfe bestimmter diagnostische Verfahren kann der Lernweg, Veränderungen beim Verhalten der Kinder usw. erfasst werden. Die Einzeldaten, die durch Erzieherinnen, Ärzte oder Lehrer gewonnen werden, werden zueinander in Beziehung gesetzt. Damit können geeignete Präventions- und Interventionsmaßnahmen ergriffen werden, um die Lernprozesse der Kinder zu optimieren. Dieses diagnostische Verfahren wird als Prozessdiagnose bezeichnet.

7.7. Wie verläuft nun eine solche Prozessdiagnostik?

Zum einen gibt es eine „vorlaufende Entscheidungshilfe", diese geht einem gesamten Lernabschnitt (z. B. die Vorschulzeit vor der Einschulung) voraus. Daran schließt sich die „permanente Entscheidungshilfe" an, die den gesamten Lernabschnitt (z. B. Grundschulzeit) begleitet.

7.8. Vorlaufende Entscheidungshilfe im Einschulungsverfahren

Das vorlaufende Einschulungsverfahren beginnt schon in angemessener Frist vor der Einschulung. Es stellt das individuelle Lernvermögen der Kinder, den Lernweg sowie die Lernformen fest und leitet daraus Maßnahmen zu einer längerfristigen Förderung ab und zeigt Lernalternativen auf (Baumann & Nickel, 1997; Rüdiger, 1978, 1979).

Im Sinne einer ganzheitlichen Erfassung des Entwicklungsstandes des Kindes sollten folgende Dimensionen in die Beurteilung der Schulfähigkeit einfließen (Baumann & Nickel, 1997, S. 176f.):

- Schulärztliche Untersuchungen zur Feststellung des Gesundheitszustands und des körperlichen Entwicklungsstandes
- Erfahrungen aus der Familie, z. B. Gespräche mit Eltern, Erfassung der Besonderheiten des Kindes aus der Sicht der Eltern, Erfassung der Situation der Familie
- Schuleingangstests
- Erfahrungen aus dem Kindergarten

Zur Erfassung des Entwicklungs- und Leistungsstandes können Schuleingangstests eingesetzt werden. Beispielhaft kann hier das Kieler Einschulungsverfahren (KEV) (Fröse, Mölders & Wallrodt, 1988) erwähnt werden, das neben Elterngespräch und Unterrichtsspiel auch die Einzeluntersuchung des Kindes in die Diagnose einbezieht. Erfasst wird hier der kognitive, sozial-emotionale und motivationale Entwicklungsstand des Kindes.

Um die Erfahrungen aus der Kindereinrichtung mit einzubeziehen, könnte z. B. der BEDS (Ingenkamp, 1991) zur Einschätzung der Schulfähigkeit im oben genannten Sinne angewendet werden.

7.9. Permanente Entscheidungshilfe im Einschulungsverfahren

Die permanente Entscheidungshilfe, die kontinuierlich den Lernweg der Kinder erfasst und daraus gegebenenfalls pädagogische Maßnahmen zur Förderung einleitet, erfolgt z. B. durch Lehrer, Schulberatungseinrichtungen und schulpsychologischer Dienst.

Mit dieser permanenten Schuleingangsdiagnostik, die während des ersten Schuljahres beginnt, ist gewährleistet, dass die Schuleingangsdiagnostik nicht mit dem Zeitpunkt der Einschulung abgeschlossen ist (Baumann & Nickel, 1997; Nickel, 1991)

7.9.1. Konsequenzen für den pädagogischen Alltag

Im Sinne eines ökologischen Übergangs muss der Übergang vom Elementar- in den Primarbereich gleitend stattfinden, um Kindern einen guten Beginn der Schulzeit zu ermöglichen.

So können z. B. Räume und Materialen in Kindertagesstätte und Schule aufeinander abgestimmt werden. Dabei muss Lernen und Spielen gleichermaßen integriert werden. Ein Konzept der Gestaltung des Übergangs muss in Absprache und unter gegenseitiger Mitarbeit von Lehrern, Erzieherinnen und Familie sowie die Kinder aktiv einbeziehen (vgl. Fthenakis, 2000; Griebel & Niesel, 2003).

Dabei gilt: Nicht nur die Kinder müssen auf die Schule, auch die Schule muss auf die Kinder vorbereitet werden. Dies bedeutet, dass Kinder vom Elternhaus und Kindergarten nicht als „fertige Schulkinder" an die Schule abgegeben werden, sondern der Anfangsunterricht individuell auf den Entwicklungsstand der Kinder eingehen und das einzelne Kind zum „Schulkind machen" muss.

Mit dieser Erkenntnis darf sich das Elternhaus oder der Kindergarten aber nicht aus der Verantwortung für die Kinder ziehen: Die Potenziale der Kinder müssen aufgegriffen und entsprechend ihres Entwicklungsstandes gefördert werden. Dies beinhaltet auch, dass die Kinder nicht überfordert werden dürfen.

Der Rahmen um diese fördernde, die Potenziale der Kinder berücksichtigende Erziehung ist die „Ganzheitlichkeit" nach dem Prinzip „Das Ganze ist mehr als die Summe seiner Teile": Die Kompetenzen der Kinder sollten nicht isoliert voneinander, sondern ganzheitlich im Alltag gefördert werden.

Kompetenzen, die ein Kind benötigt, wären in erster Linie folgende:

- Selbstkompetenz (Persönlichkeit; Identität, Resilienz)
- Sozial- und multikulturelle Kompetenz (Interaktion und Kommunikation mit Menschen der eigenen und anderer Kulturen und Religionen, Teamfähigkeit)
- Sachkompetenz (entwicklungsangemessenes Allgemeinwissen; „literacy" als muttersprachliches, mathematisches und naturwissenschaftliches basales Kulturwerkzeug)
- Kommunikationskompetenz
- Lernmethodische Kompetenz (lernen wie man lernt, Arbeitstechniken und -schritte, Wissensbeschaffung)
- Medienkompetenz (kompetenter und kritischer Umgang mit den Medien)

Diese Basiskompetenzen sollten gezielt im Elementarbereich aufgebaut und im Primarbereich weiter gestärkt werden.

Zum Abschluss noch einmal zurück zur Eingangsfrage: „Schulfähigkeit – Alter Begriff, neue Ideen?" Wie kann sie beantwortet werden?

Die Kinder sollen nach wie vor mit sechs bzw. sieben Jahren „schulfähig" sein, was das konkret bedeutet, hat sich im Laufe der Jahre verändert. Der alte Begriff „Schulfähigkeit" wurde erweitert und mit neuen Inhalten gefüllt. Diese neuen Inhalte „ökosystemischer Ansatz", „Stärkung der Basiskompetenzen der Kinder" sowie „Individualisierung der Übergangssituation" und „prozessdiagnostische Begleitung" wurden im vorgestellten Beitrag beschrieben.

Wie diese Inhalte umgesetzt und welche Schwerpunkte gesetzt werden, hängt nun von den am Prozess beteiligten Personen und Institutionen ab: Erzieherinnen und Kindergarten, Lehrer und Schule, Familie und Kinder.

Einen aktuellen Einblick in die Übergangsthematik und -gestaltung bietet die Fachzeitschrift TPS in der Aprilausgabe des Jahres 2003 mit dem Titel „Vom Kindergarten zur Schule".

7.10. Literatur

Baumann, M. & Nickel, H. (1997). Einschulung und Anfangsunterricht. In J. Lompscher, G. Schulz, G. Ries & H. Nickel (Hrsg.), Leben, Lernen und Lehren in der Grundschule (S. 165-187). Neuwied: Luchterhand.

Bronfenbrenner, U. (1981). Die Ökologie der menschlichen Entwicklung. Stuttgart: Klett-Cotta.

Bründel, H. & Hurrelmann, K. (1996). Einführung in die Kindheitsforschung. Weinheim: Beltz.

Conrad, S. & Wolf, B. (1999). Kindertagesstätten in ihrem Kontext – ein humanökologisches Rahmenmodell. Psychologie in Erziehung und Unterricht, 46, 2, 81-95.

Fröse, S., Mölders, R. & Wallrodt, W. (1996). Kieler Einschulungsverfahren (KEV). Weinheim: Beltz.

Fthenakis, W. E. (2000). Kindergarten – Eine Institution im Wandel. In Amt für Soziale Dienste Bremen (Hrsg.), Kindergarten – Eine Institution im Wandel. Reflexion und Neubewertung der Bildungs- und Erziehungskonzeption von Tageseinrichtungen für Kinder (S. 11-91). Bremen: Edition Temmen.

Griebel, W. & Niesel, R. (2003). Die Bewältigung des Übergangs vom Kindergarten in die Grundschule. In W. E. Fthenakis (Hrsg.), Elementarpädagogik nach PISA. Wie aus Kindertagesstätten Bildungseinrichtungen werden können (S. 136-151). Freiburg: Herder.

Ingenkamp, K. (1991). BEDS. Beurteilungsbogen für Erzieherinnen zur Diagnose der Schulfähigkeit. Beiheft mit Anleitung (2. erg. Aufl.). Weinheim: Beltz.

Nickel, H. (1981). Schulreife und Schulversagen. Ein ökopsychologischer Erklärungsansatz und seine praktischen Konsequenzen. Psychologie in Erziehung und Unterricht, 28, 19-37.

Nickel, H. (1990). Das Problem der Einschulung aus ökologisch-systemischer Perspektive. Psychologie in Erziehung und Unterricht, 27, 217-227.

Nickel, H. (1991). Grundsatzdiskussion II: Die Einschulung als pädagogisch-psychologische Herausforderung. Schulreife aus öko-systemischer Sicht. In D. Haarmann (Hrsg.), Handbuch Grundschule, Bd. 1 (S. 88-100). Weinheim: Beltz.

Nickel, H. & Schmidt-Denter, U. (1995). Vom Kleinkind zum Schulkind (5. überarb. u. erg. Aufl.). München: Ernst Reinhardt.

Rüdiger, D. (1978). Prozeßdiagnose als neueres Modell der Lernfähigkeitsdiagnose. In H. Mandl & A. Krapp (Hrsg.), Schuleingangsdiagnose. Neue Modelle, Annahmen und Befunde (S. 66-83). Göttingen: Hogrefe.

Rüdiger, D. (1979). Der prozeßdiagnostische Ansatz mit einem Beispiel curricularer Prozeßdiagnose im Erstleseunterricht. In D. Bolscho & C. Schwarzer (Hrsg.), Beurteilen in der Grundschule (S. 162-184). München: Urban & Schwarzenberg.

Wustmann, C. (2003). Was Kinder stärkt: Ergebnisse der Resilienzforschung und ihre Bedeutung für die pädagogische Praxis. In W. E. Fthenakis (Hrsg.), Elementarpädagogik nach PISA. Wie aus Kindertagesstätten Bildungseinrichtungen werden können (S. 106-135). Freiburg: Herder.

8. AUS ALT MACH NEU?! – ZUR REFORM UND WEITERENTWICKLUNG DER ERZIEHERINNENAUSBILDUNG

IRIS HAUSMANN-VOHL

8.1. Zur Ausgangslage

Seit Veröffentlichung der PISA-Studie ist die Bedeutung der vorschulischen Bildung wieder Thema. Im Zentrum der Diskussion steht die Frage, wie ein neues Konzept von Bildung in der frühen Kindheit aussehen kann (u. a. Fthenakis 2003). In diesem Zusammenhang wird erneut eine heftige Debatte um die Reform der ErzieherInnenausbildung geführt. Alte Forderungen, wie z. B. die Anhebung der Ausbildung auf Fachhochschulniveau, werden (u. a. von der Gewerkschaft für Erziehung und Wissenschaft) vehement vertreten, „... mit der Begründung, nur so könne in den Tageseinrichtungen für Kinder – konkret im Kindergarten – mehr für deren Erziehung und Bildung getan werden" (Ebert, 2003, S. 332).

Die Kritik an der bisherigen Ausbildung bezieht sich vor allem auf die starke Verschulung der Inhalte, die aufgrund des umfassenden gesellschaftlichen Wandels und den Anforderungen des Kinder- und Jugendhilfegesetzes vielfach nicht mehr zeitgemäß erscheinen. Aufgrund der Rahmenvereinbarung der Kultusministerkonferenz (KMK) für die Ausbildung und Prüfung von Erziehern/Erzieherinnen vom 28.01.2000 sind die Bundesländer angewiesen, ihre Ausbildung neu zu strukturieren. Schon der 10. Kinder- und Jugendhilfebericht der Bundesregierung von 1998 forderte eine Reform der Ausbildung, um für qualifizierten Berufsnachwuchs zu sorgen, der auf gesellschaftliche Veränderungen angemessen reagieren kann.

Anliegen dieses Beitrages ist, sowohl den historischen Hintergrund als auch die Zusammenhänge aufzuzeigen, in denen Ausbildungsreformen angesiedelt sind. Oft wird vernachlässigt, wie die Geschichte der Ausbildung bis in die Gegenwart wirkt und deshalb weder „abgeschlossene Vergangenheit" noch „praxisfern" ist, sondern die Basis für Reformbemühungen darstellen sollte. Der Rückblick zeichnet in groben Zügen den Weg der so genannten „professionellen Mütterlichkeit" bis heute nach, einem Berufsbild, das gegenwärtig nicht mehr Grundlage eines neuen Berufskonzeptes sein kann (vgl. Hausmann-Vohl, 2003). Anschließend werden die europäischen Tageseinrichtungsformen und das Profil der dort tätigen Fachkräfte kurz vergleichend skizziert. Dies auch deshalb, weil eine deutsche

Ausbildungsreform durch die Binnenmarktpolitik der EU in einen erweiterten Bezugsrahmen gestellt wird. Sollen deutsche ErzieherInnen konkurrenzfähig werden und nicht weiterhin innerhalb Europas aufgrund ihrer Ausbildung auf Hilfskraftstellen angewiesen bleiben, hat eine Reform dies zu berücksichtigen. Im Schlussteil werden dann Anforderungen an heutige ErzieherInnen im Hinblick auf vorschulische Bildung, Erziehung und Betreuung und sich daraus ergebende didaktische Prinzipien einer neuen Ausbildung betrachtet.

8.2. Die Geschichte des Frauenberufes Erzieherin – von den Anfängen bis ca. 1967

Die sozialpädagogische Ausbildung zum/zur ErzieherIn gehört zu den ältesten und mengenmäßig bedeutendsten innerhalb der sozialpädagogischen Ausbildungsgänge. Sie soll für Tätigkeiten im gesamten Arbeitsfeld der Jugendhilfe qualifizieren. Hauptsächlich wird jedoch auf das Berufsfeld Kindergarten vorbereitet. Das Berufsbild setzt sich bislang aus unklaren Vorstellungen zusammen. Wissenschaft, Politik, Verbände und Organisationen beachten ErzieherInnen kaum. Die Betroffenen selbst treten nur selten öffentlich auf. Man gewinnt den Eindruck, dass „Erzieherin-Sein" trotz langer Geschichte und Tradition kein „richtiger" Beruf ist. Die Aussagen darüber, was eine angemessene Ausbildung ist, reichen so auch von „gar keine Ausbildung nötig, weil weibliche Intuition genügt" bis „Universitätsstudium, ähnlich wie für das Lehramt an Grundschulen (vgl. Rabe-Kleeberg, 1999, S. 17). Diese Meinungsverschiedenheiten deuten auf eine offensichtlich fehlende gesellschaftliche und fachliche Übereinstimmung der Vorstellungen zum Beruf ErzieherIn hin. Bis heute ist es ein sogenannter Frauenberuf geblieben, für die Frauen eine besondere Eignung besitzen sollen. Diese Annahmen, ob sie sie nun stimmen oder nicht, haben im Arbeitsleben ihre Auswirkungen auf Bezahlung, Aus-, Fort- und Weiterbildung und die berufliche Identität (Rollenverständnis) der Betroffenen.

8.3. Vom Mittelalter zur Moderne

Der geschichtliche Rückblick setzt ca. Mitte des 18. Jahrhunderts ein, einer Epoche, in der Kindheit und Jugend erst ihren eigenständigen Wert erhält. Nach Ariès (1975) war im Mittelalter der Lebensraum von Kindern und Erwachsenen noch nicht getrennt: Arbeiten, Spielen, Kochen fanden in einem gemeinsamen Raum statt, man schlief sogar zusammen in einem Bett. Kinder armer Familien mussten schon sehr früh zum Lebensunterhalt beitragen und waren so in die Angelegenheiten ihrer Eltern einbezogen. Pädagogische Einrichtungen zur Aufbewahrung und Erziehung von Kindern gab es, ebenso wie die Schulpflicht, nicht. Erst im

16. und 17. Jahrhundert begann eine Entwicklung, Kinder immer mehr auf dem Leben der Erwachsenen auszugliedern, was sich z. B. auch in besonderem Spielzeug oder Kinderkleidung zeigte. Ebenso wuchs die Bereitschaft, Kinder zum Lernen in eigens dafür geschaffene Institutionen zu bringen. An die Stelle der ganzheitlichen Lebenswelt, in der Kinder sich ungezwungen und frei bewegen konnten, trat langsam die pädagogische Disziplinierung der Gesellschaft durch Schule und Kleinfamilie. Auch die Kategorie der Entwicklung erhält Bedeutung, wie die Vorstellungen und Konzepte von stufenartiger Entwicklung aus dieser Zeit (z. B. Rousseau) zeigen.

Durch diese Aufwertung veränderten sich die Anforderungen an die Arbeit der Frauen. Z. B. wurde die Erziehungsgewalt des Vaters im Hause durch die mütterliche Sorgepflicht abgelöst. Dies hat zur Folge, dass die Frau als „Erzieherin" mehr und mehr in den Mittelpunkt rückt. Es fand allmählich eine Verknüpfung von Kindheit und Frauenbild statt, die bis heute aktuell ist.[8] Drei Beispiele sollen dies verdeutlichen:

1. Aus Frauensicht bedeutete dies, dass ihnen Mutterschaft nicht streitig gemacht werden konnte. Ein neues Selbstbewusstsein entwickelte sich, verbunden mit einem Mythos der spontanen Mutterliebe (Badinter, 1981) durch die Verpflichtung der Frauen, sich vordringlich über Muttersein zu bestätigen. Dieser Muttermythos ist auch heute noch lebendig und beeinflusst nicht nur die öffentliche Kleinkindererziehung, sondern auch das Verhältnis von Müttern und Erzieherinnen. Diese stehen sich nicht selten als Konkurrentinnen (Wer ist die „bessere" Mutter?) gegenüber.

2. Auch gegenwärtig wird in breiten Kreisen der Bevölkerung die Berufstätigkeit einer Mutter als wirtschaftliche Notlösung oder gesellschaftlich bedingte Doppelfunktion angesehen. Die Verklärung der Frauenrolle wies Müttern eine unersetzliche Position in der Kindererziehung zu. Diese Vorstellung, dass mütterliche Berufstätigkeit immer nur auf Kosten anderer gehen kann, ist weit verbreitet und belässt die Frauen weiterhin in ihrer Hauptverantwortung für die Kindererziehung. Die gängige Meinung ist, dass eine Mutter zumindest die ersten drei Jahre für ihr Kind da sein muss, was auch als Beweis für den geringen Anteil von Vätern im Erziehungsurlaub gelten kann. Die

---

[8] So geht auch der seit 1996 bestehende Rechtsanspruch auf einen Kindergartenplatz nicht auf eine Reform des Kinder- und Jugendhilfegesetzes KJHG) zurück, sondern auf die Novellierung des Abtreibungsparagraphen 218, der u. a. auch Betreuungsaufgaben vorsieht.

Mehrheit deutscher Frauen ist immer noch bereit, finanzielle Unabhängigkeit und Karriere gegen Muttersein einzutauschen (vgl. Grossmann, 2002, S. 20).

3. Vorreiter zur Professionalisierung dieser Mütterlichkeit war u. a. Pestalozzi (1746-1827), indem er das so genannte bürgerliche Weiblichkeitsmodell des 19. Jahrhunderts vorbereitete. Es legte die Frau auf „geistige Mütterlichkeit" fest. Für ihn war Mutterschaft eine kulturelle und ethische, also nicht biologische Funktion. In seinen Augen war die Mutter die beste Lehrerin ihres Kindes. Mütterliche Berufung wollte er auch ausgedehnt wissen auf Lehrerinnen und Kindermädchen. Grundsätzlich war Erziehung für ihn ein Dienen am Menschen, eine religiös verwurzelte Liebe zum Mitmenschen, die sich im warmherzig-mütterlichen Sorgen für andere äußert. Ihren Ausgangspunkt hat Erziehung in einem durch Liebe geprägten Mutter-Kind-Verhältnis, weil alle erweiterten Beziehungen des Menschen nach Pestalozzi aus seinen ersten und engsten heraus wachsen. Ohne diese Grundlage wäre es nie zur Zulassung von Frauen in pädagogischen und sozialen Berufen gekommen. Mit ihr konnten Frauen Kindererziehung als Aufgabe bestimmen, die die öffentliche mit der privaten Sphäre verband (vgl. Taylor, 1996, S. 19).

8.4. Von den Anfängen der Ausbildung bis ca. 1900

In der Zeit der Entstehung von Kleinkindereinrichtungen (Anfang 19. Jahrhundert) gab es noch keine geregelte Ausbildung. U. a. kann Fliedner (1800-1864) als Impulsgeber für Ausbildungsstätten angesehen werden. Er gründete 1836 an der Diakonissenanstalt Kaiserswerth bei Düsseldorf das erste evangelische Kleinkinderlehrerinnen-Seminar. Auch der Lehrer Julius Fölsing (1818-1882) gründete und leitete mehrere Kleinkinderschulen, bevor er sich der Ausbildung von Erzieherinnen zuwandte. Seine Ausbildung orientierte er stark an der Praxis in Kleinkinderschulen.

Friedrich Fröbel (1782-1852) gilt als Schüler Pestalozzis und war der bedeutendste Verbreiter von dessen Erziehungsidee. Fröbel nahm Pestalozzis Gedanken der mütterlichen Erziehung auf – besonders die Phase der frühen Kindheit – und führte diese weiter. Am bekanntesten und bis heute einflussreich wurde er durch seine von ihm geschaffene Kindergartenpädagogik.

Fröbel wollte zunächst für den institutionellen Bereich Lehrer begeistern, um seine Methoden zu vermitteln. Da sich diese jedoch dem Schulunterricht verschrieben hatten, erreichte er in überwiegender Mehrheit Frauen, die seine Methoden erlernen wollten und es (zwar in abgewandelter Form) bis heute tun.

1840 wurde der erste Kindergarten gegründet. Den ersten Ausbildungskurs begann Fröbel schon 1839. Ihm schwebte eine ausgebildete Fachkraft vor, die eine hohe Allgemeinbildung besitzt, die Naturgesetze kennt, über pädagogische und psychologische Kenntnisse verfügt, diese reflektiert und in ein praktisch-spielerisches Tun überträgt, weiter in der Kinderbeobachtung geschult und gefühlvoll ist und musische Fähigkeiten zeigt (vgl. Frey, 1999, S. 31).

Fröbel trat dafür ein, dass der Kindergarten als erste Stufe in das Bildungswesen integriert wird. Er und seine Anhänger forderten erstmals auch die Einrichtung öffentlicher Kindergärten in allen Städten und Gemeinden. Diese Forderung wurde jedoch abgelehnt.

Die Kindergartenidee wurde wesentlich von den Schülerinnen Fröbels, seiner Großnichte Henriette Schrader-Breymann (1827-1899) und Bertha von Marenholtz-Bülow (1810-1893) innerhalb der Kindergartenbewegung (1840-1870) unterstützt. Beide gründeten sowohl Kindergärten als auch Ausbildungsstätten. Das Pestalozzi-Fröbel-Haus in Berlin (gegründet von Schrader-Breyman) feierte 1999 sein 125-jähriges Bestehen und bildet u. a. ErzieherInnen aus.

Während der Verbotszeit Fröbelscher Kindergärten (1851-1861) wurde die evangelische Kirche aktiv und gründete vermehrt Ausbildungsstätten, die Diakonissenanstalten angeschlossen waren. Diesem Ausbildungskonzept lag die Vorstellung Fliedners zugrunde, dass Kinder- und Gemeindepflege zu verbinden seien. Der pflegerische Anspruch der Ausbildung trat also in den Vordergrund und wies dem Erziehungs- und Bildungsauftrag nachgeordnete Bedeutung zu. Auch die katholische Kirche nahm die Kleinkindererziehung auf, verzichtete jedoch lange auf die Ausbildung von Nonnen und Laienhelferinnen. Erst 1906 wurde in Aachen die erste katholische Ausbildungsstätte eingerichtet.

Langsam hatte auch die Übernahme der Fröbelmethoden in evangelische Einrichtungen und Ausbildungsstätten stattgefunden. Umgekehrt fanden religiöse Inhalte Eingang bei nicht konfessionellen Trägern. Allgemein kann daher festgestellt werden, dass religiöse Inhalte zwar noch wichtig waren, immer stärker aber in den Hintergrund traten (vgl. Frey, 1999, S. 42 f.).

Fröbels Anliegen und die Kindergartenidee wurden auch indirekt von der Frauenbewegung (ca. 1850-1935) unterstützt. Helene Lange (1848-1930), eine Führerin der Frauenbewegung, berief sich ebenfalls auf die Fähigkeit der Frau zur „geistigen Mutterschaft", um Bildungs- und Berufschancen der Frauen zu erweitern. Dabei darf nicht missachtet werden, dass es für viele junge Frauen und Mädchen eine finanzielle Notwendigkeit war arbeiten zu gehen.

Um die Jahrhundertwende fanden erste reformerische Ansätze zur Organisation der sehr uneinheitlichen Ausbildung statt. Ursache dafür war, dass damals jeder, auch ohne Vorbildung, Kindergärten und Ausbildungsstätten eröffnen konnte. Beide Einrichtungen unterlagen nicht der staatlichen Schulordnung, sondern der Gewerbeordnung. Ein offizieller Vorstoß des Deutschen Fröbel-Verbandes 1885, die Ausbildung zu vereinheitlichen, scheiterte. Er wurde von der preußischen Regierung mit Blick auf die Kosten abgelehnt. Mit einer weiteren Petition an die deutschen Regierungen im Jahr 1898 wollte der Bund deutscher Frauenvereine erneut behördliche Regelungen herbeiführen: Kindergärten sollten ins allgemeine Schulwesen eingegliedert und die Ausbildung verstaatlicht werden. Auch diese Petition scheiterte (vgl. Grossmann, 1994, S. 34).

8.5. Erste staatliche Regelungen für die Ausbildung

Da die Zahl der Kindergärten beständig anwuchs und die preußische Regierung die Bedeutung dieser Einrichtungen erkannte, wurde bei der Neuordnung des Mädchenschulwesens 1908 die Kindergärtnerinnen-Ausbildung in eine staatliche Regelung eingebunden. 1911 erließ Preußen dann die erste staatliche Ausbildungs- und Prüfungsordnung für Kindergärtnerinnen. Kirchliche Träger waren zunächst sehr skeptisch gegenüber dieser staatlichen Verordnung. Nach und nach schlossen sie sich den behördlichen Vorgaben an, da auf dem Arbeitsmarkt staatlich geprüfte Kindergärtnerinnen bessere Anstellungschancen hatten. Ausbildungsinstitute die selbständig bleiben wollten, erhielten weiterhin das Vertrauen des Staates. Dieser wollte aus finanziellen Gründen durch Verbote keinen Rückgang kirchlicher Ausbildungsstätten provozieren, da der Bedarf an ausgebildetem Personal ständig weiter stieg. Bis zur Weimarer Republik gab es also zwei Formen der Ausbildung, die mit verbindlichen Standards entscheidend zur Verberuflichung beitrugen:

1. Besuch der allgemeinen Frauenschule (nach der 10. Klasse) mit dem angegliederten Kindergärtnerinnen-Seminar (staatlich geregelte 2-jährige Ausbildung und Prüfung)

2. Eigenständige Kindergärtnerinnen-Seminare (mindestens Volksschulabschluss und 2-jährige Ausbildung nach institutseigenem Ausbildungsplan)

Die Tätigkeit der Kindergärtnerin war somit endlich als (Ausbildungs-)Beruf anerkannt.

8.6. Weimarer Republik (1918-1933) und Nationalsozialismus (1933-1945)

In der Weimarer Zeit gab es einschneidende Veränderungen, denn der Kindergarten wurde 1922 durch das Reichsjugendwohlfahrtsgesetz (RJWG) der Wohlfahrtspflege zugeordnet (das Subsidiaritätsprinzip gilt bis heute) und nicht als erste Stufe in das Bildungssystem integriert. Mit dem RJWG rutschte der sozialfürsorgerische Aspekt endgültig in den Mittelpunkt. In der Ausbildung waren somit pflegerisch-behütende Aufgaben als Hauptaspekte verankert. Neben der Fröbelpädagogik als Unterrichtsgegenstand machten sich auch Einflüsse der Reformpädagogik (Ende 19. Jahrhundert bis 1933) bemerkbar, die bis heute nachwirken (z. B. Waldorf-Kindergärten oder Montessori-Pädagogik).

1928 legte Preußen die Kindergärtnerinnen- und Hortnerinnenausbildung zusammen. Diese dauerte 2 Jahre. Mit bestandener Prüfung erhielten die Absolventinnen die Berechtigung, in Familien, Kindergärten oder Horten zu arbeiten, was den Arbeitsbereich ausweitete. Durch die inhaltliche Erweiterung des Lernstoffes und veränderter Schwerpunktsetzung innerhalb der Fächer wurde das bis heute vorhandene Ungleichgewicht von Theorie und Praxis zugunsten der Theorie eingeleitet.

Von 1933-1945 standen Kindererziehung und Ausbildung, die nach und nach verstaatlicht wurden, ganz im Dienste des nationalsozialistischen Regimes und seiner Erziehungslehre. Diese war keine Neuerung, sondern beinhaltete Werte wie z. B. Autoritätsgläubigkeit, Gehorsam, Unterordnung. Die Kindergärtnerin sollte als Mutter ausgebildet werden. 1942 wurde dies in einer neuen reichseinheitlichen Ausbildungsordnung geregelt. Erzieherische, pflegerische und soziale Berufsaufgaben standen im Mittelpunkt. Im Lehrplan und den Erziehungszielen zeigte sich die Grundeinstellung der Bewahranstalten. Daneben wurden wieder verstärkt autoritäre Strukturen eingeführt.

8.7. Neuanfang der Ausbildung in Ost und West nach 1945

Nach Kriegsende stand die bauliche Wiederherstellung der Kindergärten im Vordergrund. Als die im Nationalsozialismus aufgelösten Wohlfahrtsverbände sich neu konstituierten, übernahmen sie auch wieder den Großteil der Einrichtungen.

Im Ostteil, der späteren DDR, wurden alle Kindergärten in das öffentliche Schulwesen integriert und dem Schulministerium unterstellt, also Teil des öffentlichen Bildungswesens. Die Arbeit in Kindergarten und Schule waren aufeinander bezogen und die ganztägige Gemeinschaftserziehung in Krippe, Kindergarten und Hort gehörte zum Staatsprogramm. Da das Platzangebot im Kindergartenbereich nahezu den Bedarf deckte und für unter Dreijährige auch sehr hoch war, hatten Frauen die Möglichkeit Berufstätigkeit und Familie ohne Betreuungsprobleme für die Kinder miteinander zu kombinieren. Es gab getrennte Ausbildungen für Krippenerzieherinnen, Kindergärtnerinnen und Hortnerinnen. Durch die Gleichrangigkeit außerschulischer und schulischer Bildung wurde ab 1953 eine vereinheitlichte Ausbildung von LehrerInnen, KindergärtnerInnen und Heim- und HorterzieherInnen eingeführt. Für die außerschulisch Tätigen war mit der Ausbildung eine eingeschränkte Unterrichtserlaubnis für die Unterstufe verbunden. Auch in der Bezahlung waren alle gleichgestellt.

In den westlichen Ländern der späteren BRD wurde nach 1945 an der Weimarer Tradition angeknüpft. Alle Bewerberinnen mussten eine hauswirtschaftliche Vorbildung nachweisen. Nach und nach führte die Mehrzahl der Bundesländer eine zweijährige Ausbildung ein, die theoretischen und praktischen Unterricht sowie einige mehrwöchige Praktika beinhaltete. Die Ausbildung stand somit auch weiterhin unter dem praktischen und nützlichen Aspekt, um auf das Leben als Hausfrau und Mutter vorzubereiten. Die Vorstellung von typisch weiblichen Eigenschaften als Basisfähigkeit zur Erziehung von Kindern wirkt bis heute und gilt auch für andere Frauenberufe, wie z. B. Krankenschwester und Altenpflegerin. Erziehen und Pflegen sind Dienstleistungen, die in jedem Privathaushalt ohne Bezahlung erbracht werden können. Noch 1971 wurde in den Berufskundlichen Informationen der Bundesanstalt für Arbeit mitgeteilt, dass die Erzieherin an die Stelle der Kindergärtnerin getreten sei, die Bezeichnung Kindergärtnerin jedoch mehr Symbolgehalt gehabt hätte, weil dadurch die Berufsaufgabe, Kinder zu behüten und zu umsorgen, deutlich geworden wäre (vgl. Frister, 1972, S. 39). In der heutigen Reformdiskussion werden Stimmen laut, „dass bei einer Akademisierung der Ausbildung das 'Weibliche' des Berufs verloren gehen könnte" (Ebert, 2003, S. 340).

Zusammenfassend kann gesagt werden, dass eine umfassende Diskussion über eine Neugestaltung der Ausbildung und der Kindergartenpädagogik ausblieb. Der Kindergarten galt bis in die 1960er Jahre als sozialfürsorgerische Institution ohne eigenen Bildungsauftrag. Bis Ende der 1960er Jahre fand keine Neuordnung der Ausbildung statt, die zu einer Vereinheitlichung der verschiedenen Ausbildungsgänge und länderspezifischen Ausbildungsregelungen geführt hätte – sie ist letztlich bis heute nicht grundlegend verwirklicht.

8.8. Die Entwicklung der Ausbildung von 1967 bis heute

Unsere heutige Ausbildungsstruktur basiert wesentlich auf der Rahmenvereinbarung der KMK von 1967, die eine Zusammenlegung der Ausbildungsgänge Kindergärtnerin/Hortnerin sowie Jugend- und Heimerzieherin zum/zur „Staatlich anerkannten ErzieherIn" in Fachschulen für Sozialpädagogik (Bayern: Fachakademien) beschloss. Diese Rahmenvereinbarung legt die dreijährige Ausbildungszeit fest: 2 Jahre überwiegend theoretische Ausbildung an der Fachschule und 1 Jahr Berufspraktikum. Als Zugangsvoraussetzung wird der Realschulabschluss (bzw. gleichwertiger Abschluss) und ein einjähriges Vorpraktikum (es gibt auch Ausnahmeregelungen) oder eine abgeschlossene Berufsausbildung verlangt. Einige alte Unterrichtsfächer wurden gestrichen und dafür neue Fächer wie z. B. Methodik/Didaktik, Praxislehre, Soziologie eingeführt. Mit der Verlagerung der Ausbildung an Fachschulen und der Einführung des Berufspraktikums, die eine Verlängerung der Ausbildung um ein Jahr mit sich brachte, strebte man eine Statusanhebung an.

Die angestrebte Statusanhebung erweist sich im Rückblick als vordergründig, weil der zeitgleich neu geschaffene grundständige Ausbildungsgang Sozialpädagogik/Sozialarbeit an Fachhochschulen (Fachabitur bzw. Abitur als Eingangsvoraussetzung) die bisherige JugendleiterInnenausbildung ersetzte. Dieser Ausbildungsgang bestand als Weiterqualifizierung für Kindergärtnerinnen und Hortnerinnen. Die Fachhochschulausbildungsgänge wurden im Gegensatz zur ErzieherInnenausbildung auch für viele Männer attraktiv. Durch diese Entscheidung wurde die Berufsqualifizierung von ErzieherInnen innerhalb der Ausbildungshierarchie abgekoppelt: einerseits wurde Kindergärtnerinnen ohne Abitur bzw. Fachabitur die Möglichkeit einer Weiterqualifizierung genommen (nur mit Zusatzunterricht, der nicht an allen Fachschulen angeboten wurde, konnte man während der schulischen Ausbildung das Fachabitur erwerben). Anderseits wird die ErzieherInnenausbildung seitdem nicht auf ein Fachhochschul- bzw. Hochschulstudium angerechnet, so dass man „wieder von vorne" beginnt.

Mit nachhaltigem Einfluss wirkte sich der „Strukturplan des Deutschen Bildungswesens" von 1970 auf den Kindergartenbereich aus. Die bildungspolitischen Anforderungen und Erwartungen veränderten sich. Im Mittelpunkt stand die frühe Förderung, um soziale Benachteiligungen auszugleichen uns eine Vorbereitung auf die kommenden schulischen Anforderungen. Neue „Lehrpläne" (Kindergartencurricula) zur kognitiven Förderung sollten entwickelt werden, die sozusagen fächerübergreifend, also ganzheitlich, und angelehnt an Lebenssituationen (Situationsansatz) vermittelt werden sollten (vgl. Roux, in diesem Band).

Die ErzieherInnenausbildung nimmt den Ansatz nicht umfassend auf. Unterrichtet wird weiter überwiegend fächerspezifisch, ganzheitliches Lernen nur selten verwirklicht. Die fächerspezifischen Stundentafeln werden erst mit dem KMK-Beschluss von 2000 in eine so genannte Rahmenstundentafel mit fünf Lernbereichen sowie Religion/Ethik nach Landesrecht umgewandelt! Anzumerken ist, dass einzelne Träger oder auch durch Schulversuche der Unterricht schon vor der KMK-Vereinbarung in Lernbereiche umgewandelt wurde.

Nach der ersten KMK-Ausbildungsvereinbarung von 1967 wurde nach ca. 15 Jahren eine neue Vereinheitlichung notwendig. Diese trat 1982 als neue Rahmenrichtlinie in Kraft. Die Zugangsvoraussetzungen änderten sich dahingehend, dass statt des Vorpraktikums eine abgeschlossene Berufsausbildung oder mehrjährige berufliche Tätigkeit verlangt wurde. Bis heute wird jedoch das Vorpraktikum (mit oder ohne schulische Begleitung) als berufliche Tätigkeit anerkannt. Eine Abschaffung des Vorpraktikums wurde durch einen KMK-Beschluss über Fachschulen vom November 2002 erreicht. Aufgrund dieser Vereinbarung sind die Bundesländer verpflichtet, das Vorpraktikum als Zugangsvoraussetzung abzuschaffen, weil es keine einschlägige Berufserfahrung ersetzt. Hier wird ein echter Fortschritt erzielt, denn die Vorpraktika zwingen vor allem junge Frauen in ein- oder zweijährige Hilfstätigkeiten, die meistens schulisch unbegleitet und nicht geregelt sind (Ausnahmen z. B. Bayern, Bremen). Ein Berufsabschluss ist ebenfalls nicht erreichbar. Auch die Bezahlung fällt sehr unterschiedlich aus. Vor allem aber bietet das Vorpraktikum keinen Rechtsanspruch auf die Aufnahme in eine Fachschule, obwohl es kurioserweise nur aus diesem Zweck absolviert wird. Die Frage der Abschaffung hat also auch eine moralische Dimension. Es wird auch inhaltliche Kritik dahingehend geübt, dass ein Jahr in einem „schlechten" Kindergarten die junge ErzieherIn nachhaltig „verdirbt" (z. B. Arbeitshaltung).

Ausbildungsinhalte und die Ausbildungsdauer wurden seit 1982 bis 2000 nicht, bzw. nur geringfügig, verändert. Die Reform wurde deshalb stark kritisiert. Ein weiterer Kritikpunkt war auch die niedrig ausgefallene Neuerung im Tarifbereich. Damit war man den konfessionellen Trägern entgegengekommen, für die höhere Personalkosten nicht möglich gewesen wären.

Seit der Vereinbarung von 1982 hat sich eine Breitbandausbildung durchgesetzt, die den angehenden ErzieherInnen ein breites Arbeitsfeld in allen Bereichen der Jugendhilfe eröffnen soll. Fakt ist jedoch, dass ein Schwerpunkt auf dem vorschulischen Bereich liegt, da knapp 2/3 aller Einrichtungen der Kinder- und Jugendhilfe Tageseinrichtungen für Kinder sind. In diesen arbeiten ca. 63% aller in der Jugendhilfe beschäftigten Personen. Bezieht man die Zahlen auf das Arbeitsfeld Kindertageseinrichtungen, sprechen sie eine deutliche Sprache: 85% der in

Westdeutschland tätigen ErzieherInnen arbeiten in Kindertageseinrichtungen. Das ist vermutlich auch der Hauptgrund, weshalb die Ausbildung nach wie vor schwerpunktmäßig auf die Arbeit im Kindergarten vorbereitet. Die Tendenz zur Einengung von ErzieherInnen auf das Arbeitsfeld Kindertagesstätten ist ebenfalls vorhanden. So gesehen stellt die Ausbildungsreform von 1982, die für mehrere Arbeitsbereiche der Jugendhilfe ausbilden will, keine echte Reform dar, weil auch sie das Profil der „Kindergärtnerin" nie richtig überwinden konnte.

Die derzeit bindende Rahmenvereinbarung zur Ausbildung der KMK von 2000 entstand durch eine lebhafte Reformdiskussion seit Ende der 1980er Jahre, die durch die Wiedervereinigung Deutschlands neue Nahrung erhalten hatte. 1998 meldete sich auch die Jugendministerkonferenz zu Wort und forderte in einer Neufassung der ErzieherInnenausbildung, auf die veränderte Praxis und die neu entstandenen Anforderungen zu reagieren. Der große Rahmen der bisherigen Ausbildung blieb jedoch erhalten. Nur die Binnenstruktur der Ausbildung erhält neue Vorgaben: statt fächerspezifisch soll nun lernbereichsorientiert unterrichtet werden. Ziel ist es, Strategien für selbständiges und eigenverantwortliches Handeln zu entwickeln, dieses zu überprüfen und der Praxis anzupassen. Dazu müssen auch die Lernorte Schule und Praxis eng miteinander zusammenarbeiten.

8.9. Aktueller Stand der Ausbildung

Die Kritik an der Ausbildung verstummt nicht, weil die KMK keine grundlegende Veränderung mit ihrer Neuregelung herbeiführte bzw. herbeiführen konnte. Es scheint eine unüberwindliche Hürde zu sein scheint, 16 Bundesländer „unter einen Hut zu bringen", damit eine umfassende und grundlegende Ausbildungsreform möglich wird. Erzieherinnen stehen in der beruflichen Vollzeitschulausbildung da wie ungeliebte Stiefkinder. Innerhalb der sozialpädagogischen Ausbildungsgänge sind sie „das fünfte Rad am Wagen". „ ... unterhalb von Universität und Fachhochschule werden die ErzieherInnen- und Kinderpflegeausbildung – so könnte man meinen – fast systematisch aus Bildungspolitik und -forschung ausgeblendet" (Beher, Knauer & Rauschenbach, 1995, S. 5). Die KMK wird von der Fachwelt hart kritisiert, weil sie offensichtlich nicht aus sich heraus in der Lage ist, fachliche Entwicklungserfordernisse umzusetzen und Änderungen meist nur durch Anstöße von außen zustande kommen.

Ein weiterer Punkt, der sich belastend auf eine Ausbildungsreform auswirkt, ist die „deutsche Art", Allgemeinbildung und Berufsbildung zu unterscheiden. Allgemeinbildung wird als umfassende, zweckfreie Bildung des Menschen verstanden, die auf akademische Bildung abzielt. Unter Berufsbildung versteht man dagegen Lernen nichtakademischer Art. Durch die Bezeichnung Berufsausbildung wird sogar der Eindruck vermittelt, dass eine gezielte Unterrichtung und Einübung von Wissen und Fertigkeiten zur erfolgreichen Berufsausübung führt. Mit der Beschreibung von Fertigkeiten und Vorgehensweisen sollen bestimmte Wirkungen erzielt werden. Es besteht also ein Zusammenhang zwischen Handlung und beabsichtigter Wirkung. Genau hier liegen die Probleme, wenn dieser Qualifikationsbegriff auf Erziehung übertragen wird. Zunächst müsste bestimmt werden, was Vorgehensweisen und Zielzustände sein sollen, jedoch immer eingedenk der Tatsache, dass Erziehungsarbeit nicht wie in technischen Berufen aus in-put und out-put besteht. Das deshalb, weil Erziehungssituationen komplexe, soziale Interaktionsprozesse sind und immer einer Ungewissheit unterliegen. Rabe-Kleeberg (1999, S. 22) stellt hierzu fest:

„Auf dem Hintergrund dieser mehrfachen Ungewißheit läßt sich Erziehungsarbeit als Arbeit von geringer Standardisierung und nicht stetiger Belastung, als eine Arbeit, für die ein Überschuß an Qualifikationen in Reserve gehalten werden muß, für die aber auch dauernd neue Kompetenzen erarbeitet werden müssen. Aber: Arbeit unter den Bedingungen von Ungewißheit ist angemessen nur unter Bedingungen professioneller Arbeit zu leisten. Es ist gerade das Kennzeichen der Ungewißheit, daß diese Arbeit z. B. von technischer Arbeit unterschiedet und die berufliche Fähigkeit voraussetzt, in der Ungewißheit verantwortlich zu handeln."

8.10. Zur Diskussion um eine Anhebung der Ausbildung

Die Diskussion um eine Anhebung der ErzieherInnenausbildung auf Fachhochschulebene macht ebenfalls die Trennung zwischen allgemeiner und beruflicher Bildung deutlich. Die Frage, die im Raum steht, lautet: „Wie viel Allgemeinbildung braucht ein/e ErzieherIn in seinem/ihrem Beruf?"

Das Regelsystem für die nichtakademische Ausbildung ist bei uns das duale System, das für alle Ausbildungen in Handwerk, Industrie und Handel zuständig ist. Die Gesamtverantwortung liegt bei den Lernorten Schule und Betrieb und ist den Auswirkungen der Kulturhoheit[9] der Bundesländer nicht ausgeliefert. Die Fachschule für Sozialpädagogik hat sich, wie schon dargestellt, im Vergleich zum dualen Ausbildungssystem schon lange vor diesem (aus dem Bestreben Frauen einen Zugang zur Berufswelt zu schaffen) entwickelt. Diese Eigenständigkeit au-

---

[9] Die Bundesrepublik ist ein Bundesstaat. Solange das Grundgesetz (Art. 79, Abs. 3 GG) gilt, bedeutet dies, dass die Staatsaufgaben zwischen Bund und den Ländern aufgeteilt und wahrgenommen werden. Das Bildungswesen fällt in den Aufgabenbereich der Bundesländer, daher der Begriff „Kulturhoheit".

ßerhalb des heutigen dualen Systems ist durch die verschiedenen KMK-Beschlüsse zur Angleichung an das Berufsschulwesen erhalten geblieben. Bislang haben alle Versuche einer Vereinheitlichung der ErzieherInnenausbildung zu keinem annehmbaren Ergebnis geführt, sondern stellten immer die nachträgliche Anpassung an die Praxis dar, die schon bald von dieser wieder „überholt" wurde. Die Sonderstellung des Frauenberufes kann nur überwunden werden, wenn eine Orientierung am allgemeinen Berufsbildungssystem vorgenommen wird. Dadurch wird auch eine Vergleichbarkeit mit diesem hergestellt. Die geforderte Anhebung auf Fachhochschulniveau würde die Attraktivität des Berufes für männliche Bewerber erheblich verbessern. Die Auskoppelung der Ausbildung (neben Fachhochschulstudium zum/zur Diplom Sozialpädagogen/Sozialpädagogin, der Fachrichtungen Sozialpädagogik und Pädagogik der frühen Kindheit innerhalb des universitären Studiengangs Erziehungswissenschaften und einigen Lehramtsstudiengängen für Sozialpädagogik) verhindert, wie schon weiter oben angemerkt, dass ErzieherInnen (ohne Fachabitur bzw. allgemeiner Hochschulreife) mit Berufserfahrung, die eine Hochschulausbildung anstreben, ihre Ausbildung und Berufstätigkeit nicht angerechnet bekommen. Als ein wichtiger Fortschritt kann die KMK-Vereinbarung über den Erwerb der Fachhochschulreife i. d .F. vom 13. Juni 2001 angesehen werden. Diese besagt, dass alle Bundesländer die Erlangung der Fachhochschulreife als integrierten Ausbildungsbestandteil aufnehmen müssen. Diese Möglichkeit besteht derzeit noch nicht überall (z. B. Baden-Württemberg, Berlin). Außerdem wird durch diese Verordnung die bundesweite Anerkennung der Fachhochschulreife geregelt. Bisher wurde z. B. die rheinland-pfälzische und hessische Fachhochschulreife nur auf Landesebene anerkannt. Ein nächster logisch folgender Schritt wäre, vorhandene Qualifikationen für ein mögliches Fachhochschulstudium zu berücksichtigen, denn „eine stärkere Durchlässigkeit, Abstimmung und Verzahnung der unterschiedlichen Ausbildungsgänge und -ebenen erscheint ... dringend erforderlich" (Derschau & Thiersch, 1999, S. 25).

Neben den Uneinheitlichkeiten, die durch die Bundesländer verursacht werden, ist die Verschiedenartigkeit der Schulträger ein weiteres Merkmal der Ausbildung. Kommunen als Träger von Ausbildungsstätten haben andere Traditionen und ein anderes Selbstverständnis als kirchliche Ausbildungsstätten, wie der Rückblick auf die Entstehung der Ausbildung zu Beginn bereits deutlich machte. Unterschiede finden sich nicht nur in der Organisation der Schulen, sondern beziehen sich auch auf die Ausgestaltung der Ausbildung. So sind z. B. die kommunalen Fachschulen meistens in einem Berufsschul- oder Berufsbildungszentrum integriert. Kirchliche Ausbildungsstätten sind überwiegend in wesentlich kleineren „Einheiten" organisiert. Neben der unterschiedlichen Größe bezieht sich dies auch auf die Ausstattung mit Lehrkräften, die inhaltlichen Schwerpunkte und die methodisch-didaktische Gestaltung der Ausbildung. Obwohl die Bundesländer eigene Ausbildungsordnungen haben, sind besonders in der curricularen Umsetzung innerhalb eines Landes erhebliche Abweichungen innerhalb der Ausbildung feststellbar (vgl. Derschau, 1995, S. 174). Auch die Zusammensetzung der LehrerInnenkollegien aufgrund ihrer oft unterschiedlichen Ausbildung ist ein wichtiger Punkt, der in der Diskussion um die Neugestaltung der ErzieherInnenausbildung nicht ausgeblendet werden sollte. Denn sie sind diejenigen, die die angehenden ErzieherInnen befähigen sollen, den Erziehungs- und Bildungsauftrag besonders im Vorschulbereich umzusetzen. Zusammenfassend kann mit Derschau (1995, S. 174) gesagt werden: „Trotz gemeinsamer Ausbildungs- und Prüfungsordnungen prägt die Trägerschaft nach wie vor deutlich Profil und Anspruch der einzelnen Ausbildungsstätten."

Die Ausführungen zeigen, auf welchem Hintergrund und in welchen Zusammenhängen sich die Reform der ErzieherInnenausbildung „abspielt" und mit welchen Schwierigkeiten sie konfrontiert ist. Der Rückblick lässt den zusammenfassenden Schluss zu, dass sich die Ausbildung immer daran ausrichtete, welche Funktion Erziehung und Bildung innerhalb der Gesellschaft einnahm. Meistens fand eine zeitlich verzögerte Anpassung an die bestehende Kindergartenpraxis statt. Bis heute behielt die Ausbildung ihre sozialpädagogische Orientierung und wird nicht an pädagogischen, sondern hauswirtschaftlich-sozialpflegerischen Ausbildungsstätten durchgeführt.

8.11. Ausbildung für den Elementarbereich in Europa

Der Blick auf die Ausbildungen in Europa zeigt, dass die verantwortlichen Fachkräfte im Elementarbereich überwiegend auf Hochschulniveau (Finnland, Frankreich, Griechenland, Großbritannien, Irland, Schweden, Spanien und seit 1998 Italien) bzw. Fachhochschulebene (Belgien, Dänemark, Griechenland, Luxemburg, Niederlande und Portugal) ausgebildet werden. Auf den formal niedrigsten Ausbildungsebenen wird nur bei uns in Deutschland (Sekundarstufe II) und Österreich (Sekundarstufe I) ausgebildet (vgl. Oberhuemer & Ulich, 1997). Zwar wird unsere Ausbildung auf dem zweiten EU-Ausbildungsniveau eingestuft, weil 12 Jahre Vorlauf und 3 Jahre Qualifizierung und Niveau (3 Jahre Ausbildung nach 18. Lebensjahr + Sekundarstufe II) mit einem Studiengang nach 12-jähriger Schulzeit (Fachabitur) verglichen werden. Diese Einstufung trägt aber nicht dazu bei, dass deutsche ErzieherInnen einen angemessenen Arbeitsplatz erhalten, da der Ausbildungsstand nicht dem der übrigen Länder entspricht.

Die europäische Perspektive ist jedoch notwendig auf dem Hintergrund einer internationalen Mobilität von Fachkräften (u. a. Oberhuemer & Ulich, 1997): Auch bei deutschen ErzieherInnen wächst das Interesse, die Kindertageseinrichtungen der Nachbarn kennen zu lernen oder auch für eine bestimmte Zeit dort zu arbeiten. Gleich mehrere Fragen drängen sich an dieser Stelle auf: Welche Einrichtungen gibt es dort? Wie werden Fachkräfte ausgebildet und ist diese Ausbildung mit der unsrigen vergleichbar? Wie sehen die beruflichen Chancen deutscher ErzieherInnen in anderen EU-Ländern aus? Oberhuemer und Ulich (1997) klassifizierten in ihrer europäischen Studie zwei Grundtypen von Tageseinrichtungen für das vorschulische Alter:

Typ A: Diese Einrichtungen orientieren sich organisatorisch und konzeptionell an den öffentlichen Schulsystemen wie z. B. Niederlande, Irland, Luxemburg oder Frankreich. Dort gibt es gewissermaßen ein getrenntes System mit der Elementarerziehung unter Zuständigkeit der Bildungsbehörden einerseits und andererseits einer Kinderbetreuung für unter 3-Jährige, die nicht als Bildungsangebot konzipiert ist. Hier sind die Wohlfahrtsbehörden zuständig. Strukturmerkmale sind hier: Öffnungszeiten orientieren sich am Schuljahr; Einrichtungen sind für die Eltern kostenlos. Die Kindergruppen sind altershomogen und die Arbeit unterliegt Qualitätsstandards die national geregelt sind.

Typ B: Diese Einrichtungen sind in ein inhaltlich und administrativ eigenständiges System eingebunden wie z. B. bei uns in Deutschland, Dänemark, Finnland oder Schweden. In den nordischen Ländern umfasst der Bildungsauftrag auch die Einrichtungen für Kinder unter drei Jahren. Strukturmerkmale sind hier: Einrichtungen sind ganzjährig geöffnet und gebührenpflichtig. Die Kindergruppen sind überwiegend altersgemischt. Qualitätsstandards sind nicht einheitlich geregelt und orientieren sich an den Erfordernissen vor Ort.

Unterschiede zeigen sich nicht nur strukturell, sondern auch im pädagogischen Auftrag, wobei Leitziele der Erziehungs- und Bildungsarbeit meist schriftlich konkretisiert werden. Die französischsprachigen Länder regulieren ihren Bildungssektor traditionell sehr stark. Deutschland und Dänemark sind, wenn auch aus unterschiedlichen Gründen, eher zurückhaltend in ihrer Regulierung des Tageseinrichtungsbereichs.

Diese kurze Unterscheidung lässt auf unterschiedliche Lernkulturen und sich daraus ergebend auch auf ein unterschiedliches Verständnis von Professionalität schließen. Wer sich informiert, wird schnell feststellen, dass bei den betreffenden Fachkräften die fachliche Ausbildung, die Berufsprofile und das berufliche

Selbstverständnis differieren. Vier verschiedene Berufstypologien lassen sich darstellen (vgl. Oberhuemer, 2000, S. 5):

Fachkraft mit frühpädagogischer Orientierung:

In Finnland, Schweden und Spanien Bereitet die Ausbildung auf die Arbeit mit Kindern vom ersten Lebensjahr bis zur Schulpflicht vor. Verschiedene Einrichtungen und Dienste für Kinder im Vorschulalter werden koordiniert. Die Elementarerziehung erhält einen eigenständigen, vom öffentlichen Schulsystem getrennten Status.

Fachkraft mit vorschulpädagogischer Orientierung:

In Belgien, Griechenland und Luxemburg geht es um die zwei oder drei Jahre vor der Einschulung. Die Einrichtungen liegen im Zuständigkeitsbereich der jeweiligen Bildungsbehörden. Die Ausbildung ist also enger fokussiert, jedoch in Belgien und Griechenland getrennt von der GrundschullehrerInnenausbildung. In Luxemburg gibt es kleine Überlappungsbereiche.

Fachkraft mit schulpädagogischer Orientierung:

In Frankreich (école maternelle), Irland (nichtpflichtige Vorklassen an Grundschulen) und den Niederlanden (nichtpflichtige Abteilung der Basisschool) werden die Fachkräfte für den Vor- und Grundschulbereich ausgebildet. Sie gehören dem öffentlichen Bildungssystem an und sind für ein breiteres Altersfenster ausgebildet als die VorschulspezialistInnen.

Fachkraft mit sozialpädagogischer Orientierung:

In Luxemburg und bei uns in Deutschland werden die Fachkräfte für die außerschulische Arbeit mit Kindern und Jugendlichen in verschiedenen Settings ausgebildet. In Dänemark gibt es in der Ausbildung keine ausdrückliche Fokussierung auf das Alter – dänische „Paedagoger" können in unterschiedlichen Settings mit Kindern, Jugendlichen und Erwachsenen arbeiten.

Aus dieser kurzen Darstellung geht hervor, wie unterschiedlich im europäischen Vergleich die Berufsprofile für die Arbeit mit jungen Kindern sind. Sie gründen darauf, dass Kindertageseinrichtungen und pädagogische Berufe in kulturelle Systeme eingebettet sind, die von gesellschaftlich und individuell getragenen Leitbildern und Wertvorstellungen geprägt sind, welche Vorstellungen über Familienaufgabe, Erziehung und Lernen bestehen (vgl. Oberhuemer, 2000, S. 6).

Diese gesellschaftlich bedingten Vorstellungen von Berufsrollen haben immer auch Rückwirkung auf das Bild, das die Fachkräfte von sich selber haben.

Der andere Weg, der bei uns trotz aller Reformbedürftigkeit weiter beschritten wird, erhält durch die KMK-Rahmenbedingungen von 2000 eine strukturelle Festigung und vernachlässigt die europäische Perspektive. Deutsche ErzieherInnen haben nach wie vor wenig Chancen, sich beruflich frei in Europa zu bewegen und entsprechende Stellen zu besetzen. Ihre Ausbildung qualifiziert sie nicht für die Aufgaben in den anderen Ländern, sondern weist ihnen eher den Hilfskraftstatus zu.

8.12. Frühkindliche Bildung im Spannungsfeld von fehlendem Berufskonzept und Fachlichkeit der Ausbildung

Die derzeitige Debatte um die frühkindliche Bildung und dafür notwendige Qualifikationen von ErzieherInnen machen das Dilemma des Berufes und seiner Ausbildung deutlich. Einerseits gilt Erziehung als Arbeit, die fast jede/r ausführen kann. Andererseits sind die wirklichen Anforderungen als „Erziehungs- und Bildungsfachkräfte" nicht benannt. Dieses besondere ExpertInnenwissen (gegenüber Laienwissen und erziehungswissenschaftlichem Wissen) von pädagogischen Profis steht bis heute in keinem wissenschaftlich begründeten Berufskonzept. Die Interessen von Träger- und Berufsorganisationen und die Kulturhoheit der Länder prägen die Qualifikationsstandards. Berufsbildungspolitik und Berufsforschung zeigen ebenfalls Desinteresse (vgl. Ebert, 2003, S. 336).

Es gibt zwar eine reichhaltige sozialwissenschaftliche Forschung über Kindheit und kindliche Entwicklung, auch das Kinder- und Jugendhilfegesetz (KJHG) mit seinen Richtlinien zur öffentlichen Erziehung und die Qualitätsdebatte um pädagogische Dienstleistungen haben allesamt das Aufgabenspektrum und den Anspruch an die Fachlichkeit wachsen lassen. Aber weiterhin gilt das Berufsbild der „geistigen Mütterlichkeit", aus dem sich der Beruf, wie weiter oben dargestellt entwickelte. Das Wissen um die Professionalität des Berufes fehlt weiterhin, auch wenn Gewerkschaften oder Fachorganisationen Berufsbilder in Form von Sollvorstellungen darstellen, die nicht wissenschaftlich belegt, sondern interessengeleitet sind. Mit solchen Vorgaben (Qualifikationsanforderungen in der KMK-Rahmenvereinbarung von 2000) werden in der Ausbildungsreform höhere fachliche Entwicklungsmöglichkeiten eingefordert, damit dem sich erweiterten, anspruchsvolleren Berufsfeld Rechnung getragen wird. Es darf nicht vergessen werden, dass solche umfangreichen und vielschichtigen „Fähigkeits-Kataloge" weder zur Ausbildungsqualität beitragen noch das fehlende wissenschaftlich begründete Berufskonzept ersetzen.

Die Rahmenvereinbarungen der KMK von 2000 (S. 1) weisen als Ziel der Ausbildung „die Befähigung, Erziehungs-, Bildungs- und Betreuungsaufgaben zu übernehmen und in allen sozialpädagogischen Bereichen als Erzieher und Erzieherin selbständig und eigenverantwortlich tätig zu sein" aus. Diese Vorgabe verweist auf zwei Qualifikationsgesichtspunkte. Erstens die Qualität des (sozial)pädagogischen Handelns in den außerschulischen Berufsfeldern der Kinder- und Jugendhilfe, also den Kern der beruflichen Handlungskompetenz. Und zweitens die Persönlichkeitsbildung von ErzieherInnen: die Herausbildung von beruflicher Identität, ohne die eine berufliche Handlungskompetenz nicht möglich ist. An diesen Gesichtspunkten muss sich die Ausbildung orientieren, wenn sie angehende ErzieherInnen zur Bewältigung beruflicher Anforderungen führen will.

Ein Blick auf die alltägliche Arbeit von ErzieherInnen zeigt, dass diese geprägt ist von Überraschungen, Unterbrechungen, Widersprüchen und anderen Besonderheiten, aus denen man sich nicht „heraushalten" kann. Man muss darauf eingehen und sie in den Ablauf integrieren. Gebraucht wird dafür die Fähigkeit, diese offenen und unbestimmten Situationen zu bewältigen, auch wenn Zweifel bleiben sollten, ob die Handlungen situationsgerecht waren. „In der Ausbildung erworbenes Fach- und Methodenwissen kommt nur zum Tragen, wenn es in personale Fähigkeiten wie Selbstkontrolle und Selbstreflexion, Autonomie und Ich-Stärke eingebunden ist ... " (Ebert, 2003, S. 45). Nur auf diese Weise kann die Selbstsicherheit entstehen, die für eigenverantwortliches Handeln in unübersichtlichen und ungewissen Situationen gebraucht wird.

Die nächste Frage, die sich stellt, lautet: „Was ist Bildung in der frühen Kindheit und was hat sie mit der Ausbildung von ErzieherInnen zu tun? (vgl. Roux, 2002).

Allgemein ist festzustellen, dass das Kinder- und Jugendhilfegesetz neben dem Bildungsauftrag des Kindergartens gleichrangig Erziehungs- und Betreuungsaufgaben formuliert. D. h., der Kindergarten ist nicht nur eine Bildungseinrichtung, sondern hat auch Fürsorgeaufgaben (familienergänzende Erziehung und Betreuung). Diese Betreuungsaufgaben liegen dort, wo Familien mit Kindern durch Armut oder andere Umstände überfordert und Kinder nicht selten vernachlässigt werden. Die Folge davon ist oft eine schlechte Gesundheit und/oder Lern- und Leistungsstörungen (vgl. Ebert, 2003, S. 338). In der Diskussion um den Bildungsauftrag kann es also nicht darum gehen, diese Betreuungsaufgaben in den Hintergrund zu rücken. Es geht vielmehr darum, die vom KJHG geforderte

Gleichrangigkeit herzustellen. Hierzu kann und sollte auch die Ausbildung ihren Beitrag leisten.

8.13. Zum Theorie-Praxis-Problem der Ausbildung

Betrachtet man die Arbeit von ErzieherInnen, ist festzustellen, dass grundlegende Fähigkeiten nicht theoretisch in einer Ausbildung vermittelt werden können, sondern nur in Verbindung mit der praktischen Auseinandersetzung „lernbar" sind. An zwei Beispielen soll dies verdeutlicht werden:

1. Die Basis der Interaktion zwischen ErzieherIn und Kind ist ihre Beziehung – die Bindung und das Vertrauen untereinander. Bezugspersonen zeigen auch Zuverlässigkeit und Berechenbarkeit und können die Bedürfnisse von jungen Kindern nach Akzeptanz und Sicherheit wahrnehmen und befriedigen. So wird garantiert, dass ein Kind neugierig und freudig auf die Welt zugeht und sie erkundend, also lernt. Ohne die vertrauensvolle Beziehung und die Rückmeldung anderer kann kein stabiles Selbstwertgefühl entstehen. Durch die Rückmeldung anderer können wir die Erfahrung machen, wer wir sind. Für seine Identitätsentwicklung und ein positives Selbstkonzept braucht das Kind also Menschen, die sich in seine Bedürfnisse einfühlen können. Dieses Prinzip frühkindlichen Lernens sollte bei allen Diskussionen um die Reform des vorschulischen Lernens nicht unbeachtet bleiben.

2. Neben den Bezugspersonen ist zum Aufbau einer autonomen, eigenverantwortlichen Persönlichkeit auch die Erfahrung der eigenen Selbstwirksamkeit, also Selbst-Bildung, unverzichtbar. Gleichrangig mit dieser ist das Lernen, die Welterschließung mit allen Sinnen. Hier kommt dem Kindergarten, also den ErzieherInnen, die große Aufgabe zu, dieses Lernen mit allen Sinnen im Spannungsfeld zwischen Reizarmut und Reizüberflutung zu ermöglichen. Für viele Kinder ist der Kindergarten oft der einzige Ort, an dem sinnliche Wahrnehmung bewusst möglich ist. Hier können sie – kurz gesagt – die „sinnlichen Kinder" sein. Das Einlassen des Kindes auf die Welt mit allen Sinnen bedeutet Bildung, in der das Spiel eine grundlegende Bedeutung hat. Spiel ermöglicht dem Kind die Erfahrung, Gestalter und Urheber eigener Produkte zu sein. Die Aufgabe von ErzieherInnen ist es, diese Bildungsprozesse zu fördern (vgl. Ebert, 2003, S. 339).

Die Selbstbildung des Kindes in komplexen Erziehungssituationen ist anfällig: nicht immer wird der Prozess gefördert, sondern auch verhindert. Für ErzieherInnen gibt es kein „Rezeptbuch", in dem steht, wie sie diese offenen Situationen bewältigen kann. Ihr Handeln muss immer wieder neu definiert werden, d. h. am Kind orientiert. Erziehen, bilden und betreuen sind Tätigkeitsmerkmale, die man nicht voneinander trennen kann. Sie sind Handlungsbestandteile der pädagogischen Interaktion. Die Vermittlung dieser pädagogischen Interaktionstätigkeit ist Aufgabe der Ausbildung. Ihre Qualität zeigt sich daran, wie schnell und zutreffend ErzieherInnen mit Hilfe von fachlichem und methodischem Wissen eine konkrete Situation oder Probleme analysieren, verstehen und dann in angemessenes Handeln umsetzen können. Wie schon weiter oben festgestellt, kann sich in der Ausbildung erworbenes Fach- und Methodenwissen nur entfalten, wenn es von den personalen Fähigkeiten der Selbstkontrolle, Autonomie, Selbstreflexion und Eigenverantwortlichkeit begleitet wird. Der alte starre Fächerunterricht ist nicht in der Lage, diese Anforderungen zu erfüllen. Moderner Unterricht braucht die Orientierung an beruflichen Anforderungen.

Zusammenfassend kann festgehalten werden, dass die Ausbildungsordnungen bzw. die Inhalte der Ausbildung aufgrund des Theorie-Praxis-Problems immer wieder heftiger Kritik unterzogen wurden. Schon lange wird bezweifelt, dass der traditionelle Schulunterricht, also Fachunterricht, der ab und an von einem Praktikum unterbrochen wird, kein geeignetes methodisches Vorgehen ist. Methodik hat in der Ausbildung dem persönlichkeitsbildenden, fachwissenschaftlichen, fachdidaktischen und praktischen Anspruch zu genügen. Um das Theorie-Praxis-Verhältnis besser zu lösen, wurde in den KMK-Richtlinien die Verzahnung der Lernorte Schule und Praxis festgelegt.

8.14. Zur Kooperation der Lernorte Schule und Praxis

Die Ausgestaltung dieser Kooperation ist ein wichtiger Punkt, denn es geht um die Organisation der Praxisanteile, also das Wie der Zusammenarbeit. Fragen sind: Was sind Qualitätsmerkmale „guter" Praxisausbildungsorte? Welche Qualifikation sollte ein/e PraxisanleiterIn haben?

Die Zusammenarbeit zwischen Schule und Praxisstelle rückt die Aufgaben von Lehrkräften und AnleiterInnen in den Mittelpunkt. Sie haben eine herausragende Rolle als VermittlerInnen der beruflichen Handlungskompetenz. Ihre Aufgabe ist die Begleitung und Unterstützung des Ausbildungsprozesses. In der Praxis sorgen sie dafür, dass die Erfahrungen der PraktikantInnen aufgearbeitet werden. Diese anspruchsvolle Aufgabe sollte nicht in unterschiedlichen Ausführungsverordnungen der Bundesländern untergehen.

Es wird deutlich, dass die Lehrkräfte und ihre Qualifikation ein wichtiger Faktor in der Umsetzung von neuen didaktischen Prinzipien sind. Lehrkräfte brauchen eine sogenannte „Berufsfeldkompetenz". D. h. sie stehen mit der Praxis in Verbindung, um mit ihrem Fach einen Beitrag zur fächerübergreifenden Lösung möglicher Praxisprobleme zu leisten. Neben Fachkompetenz benötigt man dazu auch didaktische Kompetenz, die die Lernbedingungen und Lebenssituationen der Auszubildenden mit einbezieht – was bislang in der sozialpädagogischen Diskussion vernachlässigt wurde. Die Lehrkräfte sollten in der Lage sein, Schlüsselkompetenzen in der Praxis zu erkennen und in die Ausbildung zu transportieren, um die Handlungskompetenz der Auszubildenden zu fördern.

Bei einer Reform der ErzieherInnenausbildung ist bisher der Bereich der Lehrkräfteausbildung nicht sehr stark diskutiert worden, obwohl er ebenso wichtig ist, wie Inhalte usw. Ein verändertes Unterrichtsverständnis und der eigenen Rolle als Lehrkraft ist notwendig, wenn eine neue Didaktik in der Ausbildung eingeführt werden soll. Dafür werden LehrerInnen gebraucht, die die Berufspraxis von ErzieherInnen kennen, um vorwiegend theoretischen Unterricht und LehrerInnenzentrierung aufzuheben. Durch Praxiskenntnis erfahren die Lehrkräfte auch, dass im Unterricht vermitteltes Wissen in der Praxis nicht immer eins zu eins umgesetzt werden kann. Weiter oben wurde schon die Vielschichtigkeit und Unvorhersehbarkeit erzieherischer Situationen angesprochen, die sich ebenfalls nicht durch Fachunterricht „eingrenzen" lassen. Sigrid Ebert (2003, S. 342f.) schreibt dazu:

„Bei der beruflichen Handlungskompetenz von ErzieherInnen geht es um komplexe Handlungsabläufe mit problemlösenden, methodischen und emotionalen Anteilen. Es geht deshalb darum, die angehenden ErzieherInnen dazu befähigen, eigenständig und verantwortlich Alltagssituationen in der Berufspraxis zu erschließen, Bedingungen pädagogischer Beziehungen und anderer Kooperationsformen zu verstehen und professionell zu gestalten. ... Dieser Anspruch an eine veränderte Lehr- und Lernkultur lässt sich aber nur dann umsetzen, wenn bei der Erarbeitung von komplexen Schlüsselthemen das Vorwissen und das Erfahrungswissen von Lernenden systematisch einbezogen wird ... Ein solches fachliches und methodisches Basiswissen öffnet ihnen den Zugang zu komplexen, problemorientierten Lernaufgaben und macht es ihnen möglich, neue Probleme selbständig erschließen zu können."

Es ist also nicht mehr entscheidend, **wie** Faktenwissen vermittelt wird. Die **Lernvoraussetzungen** und **personalen Fähigkeiten** der Lernenden treten in den Mittelpunkt. Sie sind entscheidend, wenn es darum geht, in unübersichtlichen und komplexen sozialen Situationen selbständig zu handeln. Es wird in Fachkreisen immer wieder bezweifelt (u. a. Ebert, 2003), ob z. B. der geforderte Realschulabschluss als Zugangsvoraussetzung diese lernmethodischen Fähigkeiten vermittelt. Eine neue Didaktik der ErzieherInnenausbildung lehrt also nicht mehr (lehr-)planmäßiges Faktenwissen, sondern führt die Lernenden auch zu Lehr- und Lernstrategien, die selbstgesteuertes Lernen ermöglichen.

Auf diese Weise kann auch das Ziel der Persönlichkeitsbildung der Auszubildenden besser erreicht werden. Persönlichkeitsbildung bedeutet ja gerade, dass berufliche Ausbildung mehr ist als Wissensvermittlung, also auch berufliche Identität und Handlungskompetenz vermitteln soll. Vorhandene fachdidaktische Konzepte, die Persönlichkeitsbildung als Ziel erklären und dies durch schulisch organisiertes Lernen vermitteln wollen, scheitern. Sich-Selbst-Bilden braucht andere, wie die oben aufgezeigten Wege. War bis jetzt verstärkt von den Lehrkräften die Rede, sind nun die ErzieherInnen selbst einzubeziehen. Diese sind oft noch in schulischem Lernen verhaftet und müssen die Bereitschaft nach „neuem" Lernen mitbringen. Denn wie sollen angehende ErzieherInnen später ganzheitliches Lernen mit Kindern praktizieren, wenn sie es selbst in der Ausbildung nicht erlebt haben?

8.15. Eine neue Didaktik der Ausbildung

Neue didaktische Strukturen in der Ausbildung können im Grunde nur in einer „entschulten Fachschule" ihre Wirkung entfalten. Hierzu gibt die Rahmenvereinbarung der KMK von 2000 das Lernbereichskonzept vor. Die curricularen Aussagen entlassen die verschulte Ausbildung endgültig in die Vergangenheit. Ob sie dort wirklich in naher Zukunft „ankommt", liegt an der Umsetzung der didaktischen Vorgaben, die ja nach wie vor auf die starre schulische Organisation trifft. Wenn z. B. den Lernbereichen wieder Fächer zugeordnet werden, ist dies nur eine Scheinumsetzung, die der schulischen Organisation entgegen kommt und den Spielraum erneut einengt. Somit wäre die bildungspolitische Chance der Rahmenvereinbarung mit einer neuen Lehr- und Lernkultur an Fachschulen für Sozialpädagogik vertan. Die Bundesländer sind aufgerufen, diese Leitidee der KMK in ein entsprechendes Curriculum einzubringen. Auf der Schulebene wird es wichtig, zukünftig Lehr- und Lernsituationen nach den Gesichtspunkten einer konstruktivistischen Didaktik zu gestalten (vgl. Ebert, 2003, S. 345).

Dieser didaktische Ansatz hebt die Fächerorientierung zugunsten von Lernbereichen bzw. Lernfeldern auf, um vernetztes Denken durch komplexe Lernaufgaben zu fördern. Handlungsorientiertes Lehren und Lernen leitet vom noch vorwiegend produktorientiertem Lernen zum Prozesslernen. Erlerntes Wissen und der praktische Umgang damit werden so als nicht mehr getrennte Lernformen wahrgenommen. Die Lernenden werden in die Gestaltung der Lernprozesse mit einbezogen, was aber auch eine höhere Selbstregulation des Lernens erfordert. Folglich haben die Lernenden in einem gewissen Umfang die Verantwortung für ihr Lernen.

Doch nicht nur mit Lernstrategien wird die berufliche Handlungskompetenz entwickelt. Rational-analytisches Denken steht gleichberechtigt neben sinnlich-emotionalem Lernen, wie Ebert (2003) es bezeichnet. Erst die Verschmelzung beider Formen ermöglicht kompetentes Handeln. Unsere Kultur ordnet subjektives Erfahrungswissen dem rationalen Denken unter, was dann selbstverständlich auch für die ErzieherInnenausbildung gilt. Das Verstehen eines Kindes in einer Situation geschieht durch beide Zugehensweisen, weil das pädagogische Handeln immer durch schon gemachte Erfahrungen mit einem Kind beeinflusst wird. Die Ausbildung hat also auch zu gewährleisten, dass ErzieherInnen lernen, zur verlässlichen Beurteilung nicht nur ihren Verstand zu benutzen, sondern auch ihre Gefühle mit einzubeziehen und diesen zu vertrauen. Für dieses Lernen wird vor allem die Praxis zum Dreh- und Angelpunkt. Einmal können hier schulisch gelernte (erarbeitete) Vorgehensweisen überprüft werden. Zum anderen müssen durch Reflektion und individuelle Anpassungsfähigkeit mögliche Handlungsweisen eingebracht bzw. geleistet werden. Nur in der Praxis kann durch selbstgesteuertes Lernen das oben genannte emotionale Lernen erfahren und in das Berufswissen integriert werden. Durch eine entsprechende Unterstützung der Schule, wird PraktikantInnen die Erfahrung ermöglicht, welche Situationen schon bewältigt werden können und wo die Grenzen von Handlungsmöglichkeiten liegen bzw. Lernbedarf vorliegt.

Die Zusammenarbeit der Lernorte Schule und Praxis kann aus didaktischer Perspektive sehr viel gewinnbringender für die angehenden ErzieherInnen werden, wenn sich auch die Praxiseinrichtungen als Ausbildungsstätten verstehen lernen. Bislang ist dies noch nicht Fall. Hier werden Ressourcen verschenkt, weil Praxiseinrichtungen noch nicht für Ausbildungsaufgaben qualifiziert sind. Die zukünftige Aufgabe ist es daher, die Praxiseinrichtungen zu professionellen Ausbildungsstätten weiter zu entwickeln. Diese Aufgabe geschieht unabhängig vom Niveau der Ausbildung.

8.16. Fazit und Ausblick

Die Reformdiskussion um die ErzieherInnenausbildung hängt eng damit zusammen, dass die vorschulische Erziehung bis heute um die Anerkennung als Bildungsinstitution kämpft, obwohl sie seit 1970 als Elementarbereich in das Bildungssystem integriert wurde. Das KJHG legt seit 1991 neben Erziehungs- und Betreuungsaufgaben auch Bildungsaufgaben fest. Bildung beginnt bei uns offensichtlich erst in der Schule. Diese fehlende Anerkennung kann Mitgrund dafür sein, dass die historische Sichtweise in der ErzieherInnenausbildung bei fast allen Autoren, die sich damit beschäftigen und neue Ausbildungswege suchen, nahezu unberücksichtigt bleibt oder sehr verkürzt dargestellt wird. Die historische Sicht als Ausbildungsgegenstand gewährleistet einerseits die Bestimmung des jetzigen Standpunktes und andererseits die Gewinnung von Zukunftsperspektiven, um auf Änderungen in der Praxis reagieren zu können. Die Fähigkeit dazu erhalten angehende ErzieherInnen jedoch nur, wenn die Entwicklung des Berufes sowie der Institutionen der Kleinkinderziehung als Ausbildungsinhalte eingeführt werden. In der Ausbildung erworbenes Wissen um historische Zusammenhänge kann so zur Professionalisierungsstrategie werden. Mit begründeten Erkenntnissen werden ErzieherInnen besser befähigt, sich aktiv an Verbesserungen und Reformen in Ausbildung und Praxis zu beteiligen. Immer wieder wird Erzieherinnen und Erziehern vorgeworfen, nicht genügend berufspolitisches Engagement aufzubringen, was sich u. a. durch mangelnde Organisation in Berufsverbänden oder Gewerkschaften zeigt. Folge ist die Anpassung an die herrschenden Gegebenheiten. Historisches Wissen kann auch vor Resignation, der Verfolgung von utopischen Zielen und der Bildung von Vorurteilen schützen.

In Fachkreisen ist jedoch unbestritten, dass die Berufsausübung in Pflege und Erziehung hohe Qualifikationsanforderungen stellt (vgl. Ebert, 2001, S. 43). Das hat zur Folge, dass diese hohen Qualifikationsanforderungen gesellschaftlich nicht geteilt werden. Immer noch scheinen geschlechtsspezifische Voraussetzungen zur Berufsausübung zu genügen. Deshalb ist bis heute keine Angleichung an das Regelsystem der Berufsausbildung gelungen. Weiterhin zeigen auch Berufsbildungspolitik und Berufsforschung wenig Interesse. Gegen die Vorurteile der „Kindergartentante" oder einem „schönen Beruf", der eigentlich gar keiner ist bzw. von dem die meisten Leute nicht wissen, „was gemacht werden soll", kämpfen ErzieherInnen bisweilen auch heute noch („Warten sie mal, bis sie selber Kinder haben").

„Geistige Mütterlichkeit" kann heute keine Grundlage des Berufes mehr sein, weil dadurch notwendige Reformen und somit die Professionalisierung verhindert wird. Ob eine wirksame Professionalisierung mit einer Akademisierung der Ausbildung einhergehen muss, ist zu überprüfen. Würde es neben einer Vereinheitlichung der Zugangsvoraussetzungen und mit einer Didaktik der Ausbildung (eingebettet in das System sozialpädagogischer, pädagogischer und sozialer Ausbildungsgänge) gelingen, die sozialpädagogische Theorie und Praxis so zu verzahnen, dass auch Bewährtes in neuen Regelungen erhalten bliebe, könnte die Ausbildung auch ohne Fachhochschulniveau eine Aufwertung erhalten. Diese Aufwertung schließt eine tarifliche Höhergruppierung mit ein.

Konsequenz kann also nur sein, sich auf berufspolitischer Ebene und der Ausbildung mit den neuen Anforderungen, einem neuen Berufsprofil und dem damit verbundenen Selbstverständnis auseinander zu setzen. Das neue Berufsprofil kann die Kernkompetenzen des Berufes benennen. Dieses Wissen dient dann als Basis der Didaktik einer neuen Ausbildung. Die Berufsforschung ist aufgerufen, diese Lücke durch wissenschaftliche Begleitung zu schließen. Aufgerufen sind aber auch die ErzieherInnen, diese Berufsforschung einzufordern, sollte sie weiterhin ausbleiben. Die Betroffenen werden gebraucht, um zu verhindern, dass die Ausbildungsreform verpufft bzw. wieder nur eine Anpassung (auf dem kleinsten gemeinsamen Nenner der Bundesländer) erfährt. Es kann nicht immer nur dann an der Ausbildung „herumgedoktert" werden, wenn politischer Druck spürbar ist.

Fachpersonal, das mit den neuen Anforderungen an Bildung, Erziehung und Betreuung von Kindern in öffentlichen Einrichtungen umgehen kann, braucht Qualifikationen, die nicht nur durch eine abgeschlossene Erstausbildung erworben werden. Deshalb wird „ein an den Aufgaben der öffentlichen Erziehung in Kindertagesstätten orientiertes innovatives Professionsmodell für das Fachpersonal" (Ebert, 2003, S. 349) gebraucht. Dafür benötigt man aber auch ein Ausbildungs- und Weiterbildungssystem, das Durchlässigkeit ermöglicht und Berufserfahrung in weiterführenden Ausbildungsgängen berücksichtigt und die Bedeutung des sogenannten informellen Lernens, also das Lebensweltwissen der ErzieherInnen, einbezieht. Nur so kann die Einteilung in akademische und nicht akademische sozialpädagogische Ausbildungen überwunden werden.

Reformen in der ErzieherInnenausbildung, von welcher Seite man sie auch immer betrachtet, führen immer wieder auf den Punkt der Vereinheitlichung oder Vergleichbarkeit der Ausbildung. Der KMK als übergeordnete Instanz kommt die Aufgabe zu, diese Vergleichbarkeit herbei zu führen. Dabei muss es nicht um eine einheitliche Ausbildung gehen, sondern um Standards. Standards für eine breit angelegte Basisqualifikation, auf die Weiterqualifikationen, wie schon weiter oben angesprochen, aufgebaut werden können. Zur Diskussion um Ausbildungsstandards bzw. Bundes- und Länderkompetenzen wird auf das Altenpflegegesetz mit der Altenpflegeausbildung verwiesen. Die Altenpflegeausbildung wird mit Inkrafttreten des Gesetzes am 01. August 2003 bundeseinheitlich geregelt. Die Klage Bayerns beim Bundesverfassungsgericht wurde im Oktober 2002 abgewiesen. Der Bund erklärt, dass wegen des immer höheren Alterns der Menschen, der Beruf wesentlich mehr medizinische und pflegerische Kenntnisse erfordert und die Altenpflegeausbildung eine Ausbildung zum Heilberuf geworden ist. Somit fällt er in den Kompetenzbereich des Bundes, der alle Heilberufe regelt. Außerdem besteht nach Pflegeskandalen mittlerweile ein bundeseinheitliches Interesse. In der Urteilsbegründung (Bundesverfassungsgericht, 2002) wird auf die 17 unterschiedlichen Ausbildungsordnungen verwiesen, die keine verbindliche Qualität erbringen. In einigen Sätzen der Urteilsbegründung lassen sich die Begriffe Altenpflege und Altenpflegeausbildung mühelos durch Vorschulische Erziehung und ErzieherInnenausbildung ersetzen. Um die Bedeutung der frühkindlichen Bildung als gesellschaftlicher Aufgabe zur Anerkennung zu verhelfen, stellt sich die Frage, wann der Bund Vorschulkinder als gemeinschaftliches Interesse entdeckt.

Mit dem Rückblick auf die Vergangenheit kann der Aufruf verbunden werden, dass auch heute wieder Menschen gebraucht werden, die mit dem Pioniergeist Fröbels und Frauenbewegung bereit sind, an einer neuen ErzieherInnenausbildung mit zu wirken. Der Aufruf gilt nicht nur für Fachkreise, Gewerkschaften oder Politik, sondern besonders für die ErzieherInnen selber. Nicht Anpassung an Reformen „von oben" ist gefragt, sondern Beteiligung an der Erarbeitung eines innovativen Berufskonzeptes und dem dazu passendem Qualifikationsprofil.

8.17. Literatur

Badinter, E. (1981). Die Mutterliebe. München: Piper.

Bauer, U. (2002). Die Fusion zweier Gehirne. Heilpädagogik, 4, 13-18.

Beher, K., Knauer, D. & Rauschenbach, T. (1995). Zum Standort der Sozialpädagogik im beruflichen Schulwesen. Die berufsbildende Schule, 1, 5-12.

Bundesverfassungsgericht (2002). Leitsätze zum Urteil des Zweiten Senats vom 24. Oktober 2002 – 2 BvF 1/01. www.bundesverfassungsgericht.de/entscheidungen/frames/fs/20021024_2bvf000 [15.01.2003].

Derschau, D. von (1995). Die Ausbildung des pädagogischen Personals. In J. Zimmer (Hrsg.), Enzyklopädie Erziehungswissenschaft (Bd. 6) (S. 169-187). Stuttgart: Klett.

Derschau, D. von & Thiersch, R. (1999). Überblick über die derzeitige Ausbildungssituation. In R. Thiersch, D. Höltershinken & K. Neumann (Hrsg.), Die Ausbildung der Erzieherinnen (S. 13-29). Weinheim: Juventa.

Deutscher Bildungsrat (1970). Strukturplan für das Bildungswesen. Stuttgart: Klett.

Ebert, S. (2001). Erzieherin – Beruf oder Mythos? Theorie und Praxis der Sozialpädagogik, 1, 42-45.

Ebert, S. (2003). Zur Reform der ErzieherInnenausbildung. In W. E. Fthenakis (Hrsg.), Elementarpädgogik nach PISA (S. 332-351). Freiburg: Herder.

Frister, E. (1972). Stellung des Erziehers in der Gesellschaft. In G. Hundertmarck & H. Ulshoefer (Hrsg.), Kleinkinderziehung (Bd. 1) (S. 36-57). München: Kösel.

Frey, A. (1999). Von der Laienhelferin zur Erzieherin. Landau: Empirische Pädagogik.

Fthenakis, W. E. (Hrsg.). (2003). Elementarpädagogik nach PISA. Freiburg: Herder.

Grossmann, W. (1994). KinderGarten. Eine historisch-systematische Einführung in seine Entwicklung und Pädagogik (2. Aufl.). Weinheim: Beltz.

Grossmann, M. (2002). Selbstvernachlässigung und Überfürsorglichkeit. Theorie und Praxis der Sozialpädagogik, 8, 20-22.

Hausmann-Vohl, I. (2003). Die Ausbildung von Erzieherinnen 2002 in Deutschland. Unveröffentlichte Diplomarbeit. Landau: Universität.

Oberhuemer, P. & Ulich, M. (1997). Kinderbetreuung in Europa. Weinheim: Beltz.

Oberhuemer, P. (2000). Lernkulturen – Berufskulturen: Entwicklungstendenzen in europäischen Kindertageseinrichtungen. www.kleinundgross.deInhalt/archiv/bestof1/0500_lernkulturen.html [17.01.2003].

Rabe-Kleeberg, U. (1999). Zum veränderten Berufsprofil der Erzieherin. In R. Auernheimer (Hrsg.), Erzieherinnen für die Zukunft (S. 17-23). Baltmannsweiler: Schneider Hohengehren.

Roux, S. (2002). PISA und die Folgen: Der Kindergarten zwischen Bildungskatastrophe und Bildungseuphorie. www.kindergartenpaedagogik.de/967.html [05.05.2003].

Sekretariat der Ständigen Konferenz der Kultusminister der Länder in der Bundesrepublik Deutschland (KMK) (2000). Beschluss vom 28.01.2000: Rahmenvereinbarung für die Ausbildung und Prüfung von Erziehern/Erzieherinnen. Bonn.

Taylor, A. T. (1996). «Geistige Mütterlichkeit als Bildungsprinzip». In E. Kleinau & C. Opitz (Hrsg.), Geschichte der Mädchen- und Frauenbildung (Bd. 2) (S. 19-34). Frankfurt/M.: Campus.

9. ZWISCHEN BILDUNGSKATASTROPHE UND BILDUNGSEUPHORIE – ZUR ZUKUNFT DER KINDERGÄRTEN NACH PISA

SUSANNA ROUX

Mit der Veröffentlichung der PISA-Ergebnisse kurz vor Weihnachten 2001 wurde eine Lawine zur Bildungsdiskussion losgetreten, deren Ende noch nicht absehbar ist. Innerhalb kürzester Zeit dominierte diese Diskussion auch die vorschulische bzw. elementare Bildungsarbeit. Die Folge ist u. a. eine Flut von Veröffentlichungen zum Thema in Fachzeitschriften.

Zwar haben mittlerweile deutsche Grundschülerinnen und -schüler im internationalen Vergleich besser als die 15-Jährigen abgeschnitten. Aber auch in diesen Ergebnissen aus der IGLU-Studie (Internationale Grundschul-Lese-Untersuchung), die Schülerleistungen am Ende der vierten Jahrgangsstufe präsentieren, wird davon ausgegangen, dass „die Qualifizierung der vorschulischen Bildung und der Grundschularbeit – insbesondere auch mit dem Ziel des Ausgleichs sozialer Disparitäten – eine bildungspolitische Aufgabe von zentraler Bedeutung" bleibt (Bos, Lankes, Prenzel, Schwippert, Walther & Valtin, 2003, S. 38).

Mit PISA wurden vielfältige Forderungen zu Veränderungen der frühpädagogischen Arbeit lanciert, die sich an folgenden beiden Punkten festmachen:

- An der Wiederaufnahme bzw. der stärkeren Berücksichtigung des Bildungsauftrags im Hinblick auf die Schule (z. B. durch Förderung kognitiver Fähigkeiten)
- An der curricularen Neukonzeption im Sinne einer effektiven Nutzung der gesamten Kindergartenzeit zur Förderung des einzelnen Kindes und der Kindergruppe

Andererseits postuliert eine kritische Gegenposition nachhaltig den in der deutschen Frühpädagogik traditionellen ganzheitlichen Bildungsgedanken, indem soziale und spielerische Aspekte der Kindergartenpädagogik den vermeintlich stärker kognitiven Aspekten gleichgesetzt werden.

Man könnte meinen, die PISA-Ergebnisse würden lang verborgene Missstände der Früherziehung aufdecken. Und es entsteht außerdem der Eindruck, dass die Bildungsdiskussion im Elementarbereich erst mit PISA initiiert wurde (vgl. auch Roux, 2002). Dem ist in beiden Fällen nicht so. Weder lassen sich die PISA-Ergebnisse direkt auf den Vorschulbereich übertragen, noch ist die Bildungsfrage ein neues Thema in der Frühpädagogik.

Im Rahmen der entfachten Diskussion sind auch die betroffenen pädagogischen Fachkräfte, die Erzieherinnen, stark in die Pflicht genommen. Auch sie unterliegen nicht erst seit PISA einem ständigen Rechtfertigungszwang bezüglich ihrer fachlichen Ausbildung sowie dem Bildungsgehalt ihrer Erziehungsarbeit. Dies gab es schon in der Bildungsreform Anfang der 70er Jahre, als es um den Streit zwischen funktionsorientierten schulbezogenen Ansätzen gegenüber sozialisationsorientierten kindergartenpädagogischen Ansätzen ging.

Und auch der Bildungsnotstand bzw. die Bildungskatastrophe wurde bereits in den 60er Jahren des letzten Jahrhunderts schon einmal festgestellt. Unmittelbare Folge war die Aufstellung eines immensen Programms an zunächst schulbetonter vorschulischer Bildungsarbeit (Stichwort Funktionsansatz). Dabei wurden die hohen Erwartungen an die Möglichkeiten in diesen Ansätzen bei weitem nicht erfüllt. Man lernte schnell, dass kognitive Lerninhalte und Lernförderung allein für den Elementarbereich zur Nutzung kindgerechter Bildungschancen und -möglichkeiten nicht ausreichend bzw. nicht geeignet sind.

Auch gegenwärtig – im Zuge einer erneuten Bildungseuphorie – kann es nicht um eine Vorverlegung einschlägig schulischer Lerninhalte und -techniken in die Frühpädagogik gehen. Die negativen Erfahrungen vom Anfang der 70er brauchen nicht wiederholt zu werden. Dennoch müssen die Möglichkeiten geprüft werden, wie heutigen Kindern in der Zeit bis zu ihrer Einschulung wichtige elementare Bildungschancen ermöglicht werden können, damit u. a. der reibungslose Übergang in die Primarstufe gelingen kann. Und welche Rolle dabei die institutionalisierte Kindererziehung spielen kann und sollte. Wir brauchen Konzepte und Orientierungen dazu, was unter Bildung verstanden werden soll oder welche Bildungsziele angestrebt werden.

Dass die Frühpädagogik per se nicht in der Lage ist, ihren Bildungsauftrag zu erfüllen, wäre eine voreilige Schlussfolgerung bzw. Behauptung. Wir müssen mit solch vorschnellen Zuschreibungen von Kompetenzschwächen vorsichtig sein. Denn es fehlen vielfältige Forschungsstudien, die solche Aussagen stützen könnten. Daher soll an dieser Stelle für eine konstruktive Auseinandersetzung mit theoretischen Inhalten und starkem Praxisbezug bei gleichzeitigem Ausbau der Forschungsinfrastruktur plädiert werden. Nur in dieser Vernetzung ist die Weiterentwicklung von Bildungseinrichtungen und ihre Vernetzung (u. a. Kindergarten, Schule) sinnvoll.

Zur Zukunft der Kindergärten nach PISA

Die große Chance der gegenwärtigen Bildungsdiskussion besteht darin, das Augenmerk der Öffentlichkeit, der Verantwortlichen, der Eltern wieder auf die Belange und Möglichkeiten der vorschulischen Erziehung zu lenken. Dies bietet die Gelegenheit, ihren Stellenwert im Bildungssystem zu untermauern und auszubauen und endlich als ernsthafter Bildungspartner im Bildungssystem akzeptiert zu werden.

Veränderungen und Weiterentwicklungen der Frühpädagogik erscheinen aus wissenschaftlicher Perspektive angesichts der gegenwärtigen Lage der Vorschulerziehung in *struktureller* Sicht, in *inhaltlich-methodischer* Sicht sowie in einem übergeordneten *gesellschafts- und bildungspolitischen* Rahmen geboten.

In *struktureller* Sicht geht es zunächst um Rahmenbedingungen, die die Entwicklung vorschulischer Institutionen und die allgemeine Organisationsentwicklung maßgeblich beeinflussen. Es sollte in einem ersten Schritt beispielsweise geprüft werden, ob die Organisationsstruktur förderliche oder hemmende Einflüsse auf die Bildungsmöglichkeiten ausübt. So könnte man fragen, ob sich mit der konsequenten Zuordnung des Kindergartens als Elementarstufe des Bildungssystems vor nunmehr 30 Jahren diese Fragen heute eventuell erübrigt hätten. Die prinzipielle Weichenstellung wäre bereits seit langem erfolgt. Ein Blick in die jüngere Bildungshistorie zeigt jedenfalls (vgl. Roux, 2002), dass diese Zuordnung letztendlich nicht konsequent vollzogen wurde, der Kindergarten u. a. der Jugendhilfe zugeordnet blieb. Es steht außer Frage, dass die Zuordnung zur Jugendhilfe bzw. zum Bildungssystem allein nicht der entscheidende Faktor ist, der über Möglichkeiten oder Grenzen prinzipieller Bildungsarbeit entscheidet. Wesentlich sind aber die mit einer solchen „organisatorischen" Zuordnung verbundenen Rahmenbedingungen, die sich wiederum auf den Bildungsalltag und das gesellschaftliche Bildungsbewusstsein auswirken (z. B. Kostenfreiheit, Anhebung des Ausbildungsniveaus der pädagogischen Fachkräfte).

In einem zweiten Schritt ist feststellbar, dass daneben noch eine andere bildungspolitische Tatsache das Wissen, das in unserer Gesellschaft zur Bildung in der Frühpädagogik existiert, entscheidend beeinflusst. In der gesamten Bundesrepublik bestehen derzeit nur vier Lehrstühle an Universitäten zur Frühpädagogik (Bamberg, Berlin, Dortmund und Köln). Damit ist die Frühpädagogik in Deutschland im Vergleich zu anderen „Bildungsdisziplinen" von wissenschaftlicher und forschungstheoretischer Seite her nach wie vor als Entwicklungsland anzusehen. Und als Folge daraus können wir uns nicht an aktuellen Erhebungen und Forschungsergebnissen in unserer täglichen Praxis orientieren. Dabei ist Erfahrungswissen aber als Grundlage für die weitere Fortentwicklung der Frühpädagogik unabdingbar, sofern wir uns zukünftig nicht mehr auf Mythen, Vorurteile,

Spekulationen, Allerweltsaussagen und -folgerungen zur Erklärung der Frühpädagogik ausruhen wollen. Insbesondere zu folgenden Aspekten der frühpädagogischen Praxis wären Forschungsstudien und Evaluationen dringend geboten:

- Studien zu Handlungsroutinen im Alltag der Einrichtungen (z. B.: An welchen Bildungszielen orientieren sich Erzieherinnen? Wie gestalten sie den Alltag in Kindertageseinrichtungen?)
- Studien zu curricularen Vorgaben (z. B.: Werden Vorschulcurricula ihren Zielen gerecht? Welche Kontextfaktoren unterstützen die Umsetzung von Curricula? Nach welchen „subjektiven" Kriterien bzw. Leitplänen agieren Erzieherinnen? Wie ist die Position von Eltern gegenüber curricularen Inhalten?)
- Studien zur Entwicklung praxisrelevanter Beobachtungsinstrumente zur Erfassung besonderer Stärken und/oder besonderer Schwächen von Kindern
- Studien zur Erfassung kindlicher Wahrnehmungen (z. B. Wie sehen Kinder ihre soziale Umwelt? Inwiefern „wirken" verschiedene Lern- und Entwicklungsumwelten? Welche Interessengebiete von Kindern werden wie im Kindergarten angesprochen?)
- Studien zur Erfassung kindlicher Kompetenzen (z. B. Was können Kinder im Vorschulalter? Welche Fähigkeiten und Fertigkeiten sind bestimmend für ihre weitere Entwicklung? Welche institutionellen Umweltmerkmale beeinflussen die kindliche Entwicklung positiv bzw. negativ? Was brauchen Kinder und wann?)
- Studien zu Förderkonzepten, die den Blick auf nachfolgende Bildungsinstitutionen sowie auf zeitgleiche Bildungsinstitutionen (Familie) nicht verstellen, sondern in einem ganzheitlichen Konzept mit erörtern (z. B. Welche Fähigkeiten können/sollen wie durch welches Umfeld angeregt werden?)

In *inhaltlich-methodischer* Sicht geht es etwa um die Programmentwicklung, die Qualitätsentwicklung sowie die Entwicklung neuer Formen der Elternarbeit/Elternbildung.

Aufgrund verschiedener Faktoren scheint die Frage berechtigt, ob wir überhaupt Vorschulcurricula brauchen. Zum einen erreichen Curricula selten den prophezeiten Erfolg bzw. die angestrebten Ziele. Wenn überhaupt, werden häufig nur kurz- bzw. mittelfristige Effekte von Vorschulprogrammen nachgewiesen. Dabei ist zudem oft unklar, welche Effekte für den etwaigen Erfolg bestimmend sind (u. a. Schmidt-Denter, 1987). Und zum anderen scheitern pädagogische Ansätze häufig am pädagogischen Alltag. Werden zum Beispiel in der Praxis nicht auf breiter Ebene realisiert, da sie zu hohe Anforderungen an die Institution und ihre Fachkräfte stellen. Oder sie finden keine Akzeptanz, da die Realisierung solcher Ansätze in der Ausbildung zu kurz kommt. Oder strukturelle Schwierigkeiten stellen sich ein. Folge ist häufig ein Sammelsurium aus unterschiedlichsten Ansätzen, die das Leitbild bzw. die Konzeption einer Einrichtung bzw. einer einzelnen Erzieherin ausmachen. Pädagogische Curricula fungieren demzufolge in der pädagogischen Praxis oftmals als grobe Leitorientierung, neben anderen.

Es stellt sich somit die Frage, ob es nicht effektiver und Erfolg versprechender wäre, die Schwerpunktsetzung der täglichen Arbeit etwa auf Ansätze zur Entwicklungsoptimierung junger Kinder zu legen (vgl. Schmidt-Denter, 1987). So wäre in diesem Zusammenhang die Diskussion der Frage interessant, ob zukünftig Förderungen und Anregungen auch in der Frühpädagogik noch stärker auf individuelle Bedingungen abgestimmt sein sollten als bisher (vgl. Singer, 2002, S. 12). Jedenfalls spricht diese Überlegung u. a. für altersübergreifende Gruppenkonzepte, wie sie in der Frühpädagogik mittlerweile gang und gäbe sind. Von der Idee als „Programm-Macher für die Praxis" zu dienen (Fried, 2003) sollte zukünftig Abstand genommen werden.

Im Zuge der PISA-Diskussion erscheint auch die Frage nach der pädagogischen Qualität in neuem Licht. Denn gute Bildungs- und Erziehungsarbeit spiegelt sich auch in der pädagogischen Qualität von Einrichtungen wider. Dazu liegen bereits aktuelle Ansätze und Informationen vor, die auf die Bedeutung von strukturellen Kennzeichen des pädagogischen Alltags (z. B. personale Merkmale der Erzieherinnen) und prozessuale Kennzeichen (z. B. die Erzieherin-Kind-Interaktion) verweisen (u. a. Tietze et al., 1998). Weitere werden in Kürze erwartet, wenn die Ergebnisse der „Nationalen Qualitätsoffensive"[10] vorgelegt werden. Ein erster nationaler Qualitätskriterienkatalog für den Kindergarten, der aus der Nationalen Qualitätsoffensive entwickelt wurde, ist bereits vorgelegt worden (Tietze & Viernickel, 2002). Er ist aus der Zusammenarbeit zwischen Praxis und Wissenschaft als Ratgeber für die Praxis entstanden und bündelt in 20 themenbezogenen Bereichen (u. a. Raum für Kinder, Tagesgestaltung, Sprache und Kommunikation, Kognitive Entwicklung, Natur-, Umgebungs- und Sachwissen, Zusammenleben mit Familien, Leitung) eine Beschreibung länder-, träger- und konzeptionsübergreifender „bester" Praxis.

---

[10] Im Rahmen der „Nationalen Qualitätsinitiative im System der Tageseinrichtungen für Kinder", die in den Jahren 2000-2003 vom BMFSFJ gefördert wurde, werden Qualitätskriterien entwickelt sowie Feststellungsverfahren zur Erfassung von Qualität u. a. in folgenden frühpädagogischen Handlungsfeldern erarbeitet: Bereich unter Dreijährige (Krippe), Drei- bis Sechsjährige (Kindergarten), Bereich Situationsansatz, Bereich Trägerqualität.

Der Gehalt der pädagogischen Arbeit in Kindereinrichtungen steht und fällt mit den beteiligten Personen, die mit dem Erziehungs- und Bildungsauftrag betraut sind. Immer lauter werden die Rufe nach einer Anhebung des Ausbildungsniveaus. Allein angesichts der Tatsache, dass Deutschland im europäischen Vergleich eines der wenigen Länder mit dem niedrigsten Ausbildungsniveau für Erzieherinnen ist, erscheint hier Handlungsbedarf dringend geboten. Aber Veränderungen allein auf struktureller Ebene reichen auch hier nicht aus (z. B. Verlagerung der Ausbildung an Fachhochschulen oder Universitäten), wenn nicht gleichzeitig inhaltliche Nachbesserungen und/oder Veränderungen erfolgen. So müssen u. a. Wege und Formen gesucht werden, festgestellte Diskrepanzen zwischen Ausbildung und Praxis zu verringern, praktizierte Formen und Methoden neu zu überdenken und angesichts der Erfordernisse des pädagogischen Alltags zu gestalten (u. a. Balluseck, Metzner & Schmitt-Wenkebach, 2003; Ebert, 2003).

Schnell zeigt sich auch, dass es nicht ausreicht, die vermeintlichen Handlungsoptionen auf den außerfamilialen Bereich zu begrenzen. Denn PISA weist auch (wieder) darauf hin, dass die Erziehungs- und Bildungskompetenz der Familien ein entscheidender Schlüssel für die Bildungschancen ihrer Kinder darstellt. Es müssen also auch neue Wege in der *Familien- und Elternarbeit* bzw. *Familien- und Elternbildung* gesucht werden, um sie in ihrer Erziehungsaufgabe frühzeitig (vor bzw. mit Beginn der Familienbildung) und langfristig zu unterstützen. Es ist jedenfalls offensichtlich, dass der Kindergarten allein familiäre Defizite nicht erschöpfend ausgleichen kann, ebenso wenig wie die Schule. Hier muss breiter, komplexer gedacht und beraterische Kompetenzen ausgebaut werden (u. a. Bundesministerium für Familie, Senioren, Frauen und Jugend, 2002). Als Beispiel dafür könnten u. a. die englischen „Early Excellence Centres" dienen. Dies sind Einrichtungen, „ ... in denen es gelungen ist, eine neue Beziehung zwischen Eltern und pädagogischem Fachpersonal zum gegenseitigen Nutzen und vor allem zum Nutzen der Kinder zu entwickeln. Erreicht wird dies ... durch spezielle Methoden zur Stärkung der elterlichen Erziehungskompetenz, durch intensive Beachtung kindlicher Entwicklungsschwerpunkte und auch durch eine andere Definition der professionellen Rolle des Erziehungspersonals" (Gregory & Prott, 2002, S. 6).

In *gesellschafts-* und *bildungspolitischer* Sicht mangelt es an einem anerkannten übergreifenden frühpädagogischen Bildungsverständnis in Deutschland. Dazu ist eine gesellschaftliche Basis notwendig, die bereit ist, Betreuung, Bildung und Erziehung in Kindertagesstätten als bildungspolitische Herausforderung anzuerkennen und entsprechende Maßnahmen zu ergreifen (z. B. bezüglich der Ausbildung, bezüglich der strukturellen Bedingungen). Natürlich muss in diesem Zusammenhang der frühpädagogische Bildungsbegriff konkretisiert werden. Zum Beispiel durch die Entwicklung eines frühpädagogischen Bildungsverständnisses, das den nötigen Orientierungsrahmen bereitstellt, gleichzeitig aber flexibel ist, für die vielfältigen situationalen Bedingungen der frühpädagogischen Praxis. Dies sollte sich z. B. am Kind orientieren, entwicklungspsychologische Erkenntnisse aufgreifen, frühpädagogische Fördermöglichkeiten beachten, soziale Chancen und Risiken mitberücksichtigen, Bildungsaufgaben und -bereiche für die Bedürfnisse des einzelnen Kindes sowie die Bedürfnisse der Kindergruppe konkretisieren, im Sinne einer dynamischen Bildungsvorstellung ausgearbeitet werden.

Einen Bildungsbegriff bzw. ein Bildungsverständnis für die Erziehung im Kindergarten bzw. der Kindertagesstätte zu definieren bedeutet dabei nicht, neue Inhalte zu finden, sondern das Augenmerk auf die zentralen Bedürfnisse und Erfordernisse junger Kinder zu richten. Kindliche Grundqualifikationen, Basisfähigkeiten und -fertigkeiten, Fachkompetenzen, Sozialkompetenzen und Methodenkompetenzen sowie Sprachkompetenzen sollten dabei gleichrangig bearbeitet werden. Es geht darum, die ganzheitliche Entwicklung des Kindes zu begleiten und zu unterstützen. Besonderer Bedarf besteht darin, das Augenmerk auf die Förderung benachteiligter bzw. schwacher Kinder so wie auf sehr begabte Kinder zu richten. Damit eine frühzeitige Identifizierung und Förderung gewährleistet werden kann. Auch müssten bessere interne Möglichkeiten zur Differenzierung genutzt werden. Die PISA-Ergebnisse deuten gerade darauf hin, dass für Kinder aus Zuwandererfamilien vor allem ihre Sprachkompetenz als entscheidender Fakt für die weitere Bildungskarriere gilt. Demzufolge sollte auch in den Kindereinrichtungen der Förderung der Sprachkompetenz der Kinder besonderes Augenmerk zukommen. Indem beispielsweise zielgruppenspezifische Sprachförderkonzepte entwickelt und umgesetzt werden (Ulich, 1999), der Kindergarten für Kinder von Zuwanderern attraktiver und effektiver gestaltet wird usw. Aber auch hier muss darauf geachtet werden die Sprachförderung nicht nur an Sprachdefiziten anzuknüpfen, sondern die Mehrsprachigkeit von Kindern als Chance zu sehen (u. a. Ulich & Oberhuemer, 2003).

Mit all diesen Bemühungen geht es letztlich darum, *Lernvoraussetzungen und Lernprozesse* im frühen Kindesalter zu beschreiben und aufzudecken: Welche Konzepte des kindlichen Lernens kennen wir? Wie müssen/sollten frühkindliche Lernumgebungen beschaffen sein, damit sie spielerische Wiederholung und Variation ermöglichen, andererseits aber auf Belehrung und Bewertung verzichten?

Daneben rücken Grundfragen zu *Voraussetzungen* und *Prozessen kindlicher Entwicklung* in den Vordergrund: Wie vollzieht sich kindliche Entwicklung? Was bedeutet in diesem Zusammenhang Entwicklungsangemessenheit? Wie nimmt das pädagogische Umfeld Einfluss auf kindliche Entwicklungsmöglichkeiten?

Schließlich geht es um die *Stärkung kindlicher Kompetenzen* (z. B.: Welche Kompetenzen braucht das Kind heute?).

Vorarbeiten dazu sind bereits geleistet. Stellvertretend sei hier auf die Arbeiten des Forum Bildung (2001) oder dem Sachverständigenrat Bildung bei der Hans-Böckler-Stiftung (2001) verwiesen.

Das Forum Bildung, das sich vor allem aus Vertretern von Bildungs- und Kultusministerien des Bundes und der Länder sowie Vertretern der Arbeitgeber und Arbeitnehmer, Wissenschaftlern, Kirchen, Auszubildenden und Studierenden zusammensetzt, hat zum Ziel, zur Sicherstellung der Qualität und Zukunftsfähigkeit des deutschen Bildungssystems beizutragen. Im Rahmen von 12 Empfehlungen für Reformen im deutschen Bildungswesen wird auch der frühen Förderung besondere Bedeutung beigemessen. So empfiehlt das Forum Bildung (vgl. Forum Bildung, 2001, S. 11f.), 1) den Bildungsauftrag der Kindertageseinrichtungen zu definieren und zu verwirklichen (z. B. durch die Definition von Bildungszielen, durch Transfer- und Beratungsstrukturen für die Praxis, durch den Ausbau von Forschungskapazitäten für Frühpädagogik), 2) zu prüfen, ob die Elementarerziehung gebührenfrei sein sollte, und 3) die Bedingungen für die individuelle Förderung in der Grundschule zu verbessern (z. B. durch intensivere Förderung der Interessen von Kindern vor allem an Naturwissenschaften bereits im Kindergarten und in der Grundschule). Diese Neuanfänge müssen natürlich konkretisiert werden, sollen es letztlich nicht leere Worthülsen sein. Ob viel versprechende Initiativen eine Lösung darstellen, wie die Aufstellung eines frühpädagogischen Bildungsplans für Bayern oder Rheinland-Pfalz, muss die nahe Zukunft zeigen.

Ausbaubedürftig scheint auch der Bereich der Zusammenarbeit zwischen Kindergarten und Grundschule zu sein. Dies wird zwar von Seiten der frühpädagogischen Praxis immer wieder gefordert, aber bisher nicht entsprechend umgesetzt. Hier sollte ein Modell partnerschaftlicher Bildungsinstitutionen konzipiert und realisiert werden, das den Vorschulbereich nicht ausschließlich als „Zuliefererdienst" für die Grundschule ansieht, sondern in ein breiteres Bildungskonzept gleichrangig integriert. Auf jeden Fall müssen Antworten auf die Frage gefunden werden, wie die Gestaltung anschlussfähiger Bildungsprozesse zwischen Elementar- und Primarbereich sinnvoll realisiert werden kann.

Was tun, angesichts der gegenwärtigen Bildungseuphorie, die den Blick auf neue Bildungschancen verbunden mit neuen Bildungshoffnungen richtet, ohne die gegenwärtige Bildungspraxis genügend zu prüfen? Oder haben wir es eher mit einer Bildungsdepression zu tun, angesichts der Geschichte der Vorschulerziehung und unter Verweis auf die aktuelle gesellschaftliche Lage, die allein aus finanziellen Gründen eine Fortentwicklung kaum realisierbar macht?

Mir scheint, der beste Weg ist der, sich an Tatsachen zu orientieren. Ein solches Vorgehen geht von realen Situationen und Anforderungen aus, rückt die Bedürfnisse des Kindes bzw. der Kindergruppe ins Zentrum der Überlegungen, gestaltet pädagogische Ziele und Praxis unter Bezug auf frühpädagogische Forschungserkenntnisse. Dies alles im Rahmen einer *„bildungsbezogenen Erziehungsarbeit"*, die Kindern vielfältige Möglichkeiten und Unterstützungen in ihrer Entwicklung bietet, den kindlichen Alltag dabei aber nicht überfrachtet mit Anforderungen, denen weder das Kind, noch die Erzieherin oder die Praxis insgesamt gerecht werden kann.

In diesem Sinne hilft weder die Proklamation einer zweiten Bildungskatastrophe noch eine übereilte Bildungseuphorie der Frühpädagogik zur Profilentwicklung letztlich entscheidend weiter. Die gesellschaftliche Anerkennung der Bildungskompetenzen der Frühpädagogik ist aber ein erster wichtiger Schritt in die richtige Richtung.

9.1. Literatur

Balluseck, H. von, Metzner, H. & Schmitt-Wenkebach, B. (2003). Ausbildung von Erzieherinnen und Erziehern in der Fachhochschule. In W. E. Fthenakis (Hrsg.), Elementarpädagogik nach PISA. Wie aus Kindertagesstätten Bildungseinrichtungen werden können (S. 317-331). Freiburg: Herder.

Bos, W., Lankes, E. M., Prenzel, M., Schwippert, K., Walther, G. & Valtin, R. (Hrsg.). (2003). Erste Ergebnisse aus IGLU. Schülerleistungen am Ende der vierten Jahrgangsstufe im internationalen Vergleich. Münster: Waxmann.

Bundesminsterium für Familie, Senioren, Frauen und Jugend (2002). Die bildungspolitische Bedeutung der Familie – Folgerungen aus der PISA-Studie. Wissenschaftlicher Beirat für Familienfragen (Band 224 der Schriftenreihe des BMFSFJ). Stuttgart: Kohlhammer.

Ebert, S. (2003). Zur Reform der ErzieherInnenausbildung. In W. E. Fthenakis (Hrsg.), Elementarpädagogik nach PISA. Wie aus Kindertagesstätten Bildungseinrichtungen werden können (S. 332-351). Freiburg: Herder.

Forum Bildung (2001). Empfehlungen des Forum Bildung (Ergebnisse des Forum Bildung I). Bonn: Forum Bildung.

Fried, L. (2003). Vorschulprogramme. In L. Fried, S. Roux, A. Frey & B. Wolf (Hrsg.), Vorschulpädagogik (S. 121-147). Baltmannsweiler: Schneider Hohengehren.

Gregory, S. & Prott, R. (2002). Zukunftsmodell Early Excellence Centres? klein & groß, 11, 6-11.

Roux, S. (2002). PISA und die Folgen: Der Kindergarten zwischen Bildungskatastrophe und Bildungseuphorie. www.kindergartenpaedagogik.de/967.html [05.05.20003].

Sachverständigenrat Bildung bei der Hans-Böckler-Stiftung (2001). Bildung in der frühen Kindheit. Diskussionspapiere Nr. 4. Düsseldorf.

Schmidt-Denter, U. (1987). Kognitive und sprachliche Entwicklung im Vorschulalter. In R. Oerter & L. Montada (Hrsg.), Entwicklungspsychologie (2. Aufl.) (S. 814-853). Weinheim: Psychologie Verlags Union.

Singer, W. (2002). Was kann ein Mensch wann lernen? Ergebnisse aus der Hirnforschung. Theorie und Praxis der Sozialpädagogik, 1, 10-14.

Tietze, W. & Viernickel, S. (Hrsg.). (2002). Qualität in Tageseinrichtungen für Kinder. Ein nationaler Kriterienkatalog. Weinheim: Beltz.

Tietze, W., Meischner, T., Gänsfuß, R., Grenner, K., Schuster, K.-M., Völkel, P. & Roßbach, H.-G. (1998). Wie gut sind unsere Kindergärten? Eine empirische Untersuchung zur pädagogischen Qualität in deutschen Kindergärten. Neuwied: Luchterhand.

Ulich, M. (1999). „Erzählst du uns was?". Mehr Raum für Sprachförderung. Kindergarten heute, 29, 11-12, 22-27.

Ulich, M. & Oberhuemer, P. (2003). Interkulturelle Kompetenz und mehrsprachige Bildung. In W. E. Fthenakis (Hrsg), Elementarpädagogik nach PISA. Wie aus Kindertagesstätten Bildungseinrichtungen werden (S. 152-168). Freiburg: Herder.

10. BÜCHER UND MATERIALIEN

CLAUDIA KELLER & IRIS HAUSMANN-VOHL

Die folgende Sammlung stellt eine Auswahl von empfehlenswerten Büchern und Materialien zum Thema Bildung und den angesprochenen Teilbereichen Vorschulkonzeptionen, Schulfähigkeit und Kooperation von Kindergarten und Grundschule dar.

Die Angaben enthalten Verweise auf aktuelle Fachliteratur (Bücher und/oder Zeitschriften), interessante Webseiten, Videos und Bilderbücher.

Natürlich erhebt die Zusammenstellung keinen Anspruch auf Vollständigkeit. Dieser könnte auch gar nicht geleistet werden, beispielsweise angesichts der Fülle der Zeitschriftenartikel, die gegenwärtig zur Bildungsthematik erscheinen. Sie stellt vielmehr eine Reihe von Büchern und Materialien vor, die für die Praxis unseres Erachtens nach wichtige Aspekte zum Rahmenthema beinhalten. Welchen Ertrag die einzelnen Vorschläge für die jeweilige Person oder Institution letztendlich zu liefern vermögen, muss jeder selbst sehen und entscheiden.

Zum besseren Überblick sind die einzelnen Bereiche in verschiedene Sparten geordnet. Diese Sparten sind

a. aktuelle Fachliteratur in Buchform,

b. aktuelle Fachliteratur im Internet,

c. Zeitschriften, Themenhefte,

d. einschlägige Webseiten,

e. Videos,

f. Bilderbücher zum Thema.

Nicht jede Sparte ist aber in jedem Bereich mit „Inhalt" ausgewiesen.

10.1. Bildung

In diesem Abschnitt geht es u. a. um die allgemeine Bildung für Kinder, den Bildungsauftrag für Kindertagesstätten, die aktuelle Diskussion der Folgen von PISA für die Elementarpädagogik usw. Neben aktuellen Neuerscheinungen werden bewährte Standardwerke vorgestellt. Ergänzt wird das Angebot durch Fachliteratur aus dem Internet und Zeitschriften.

10.1.1. Aktuelle Fachliteratur

> Bayerischer Landesverband katholischer Tageseinrichtungen für Kinder e. V. (Hrsg.). (2002). Jahrbuch 2002/03: Bildung für alle Kinder. München: Bayerischer Landesverband. (224 Seiten; 8.00 Euro; ISBN 1439-1953)

Die Broschüre beinhaltet die Dokumentation eines Studientages des Bayerischen Landesverbands katholischer Tageseinrichtungen vom 08.07.2002. Die Veranstaltung richtet ihre Aufmerksamkeit auf die Chancen der frühen Jahre. Im Hauptvortrag umreißt Prof. Dr. Dr. Dr. Wassilios E. Fthenakis den neuen Bildungsauftrag von Kindertagesstätten. Im Fachforum werden unterschiedlichste neuere Bildungsansätze vorgestellt, wie „Sprache und Literacy in der frühen Kindheit", „Lernen, wie man lernt", „Resilienz – was Kinder stärkt" oder „Bewältigung von Übergängen, Diskontinutitäten und Brüchen". Außerdem sind noch Fachbeiträge zu den Themen „Bildungsnetzwerk", „Spielplatz Computer im Kinderhaus" u. a. aufgenommen. Einige der Autoren und Themen finden sich in Fthenakis (2003) wieder.

Zum Herausgeber:

Der Bayerische Landesverband katholischer Tageseinrichtungen für Kinder e. V. vertritt die Interessen seiner Mitglieder auf Landes- und Bundesebene. In seiner Arbeit gibt es Schwerpunkte wie z. B. Gesamtkonzept Kinderbetreuung, Modellversuch „Neues Förderrecht" usw. Weitere Infos unter www.BayerischerLandesverband.de bzw. www.BLV-KITA.de

> Elschenbroich, D. (2002). Weltwissen der Siebenjährigen. Wie Kinder die Welt entdecken können. München: Goldmann. (288 Seiten; 9.90 Euro; ISBN 3-442-15175-9)

Was sollte ein Kind in seinen ersten sieben Lebensjahren erlebt haben, können und wissen? Donata Elschenbroich entwirft einen neuen, offenen Bildungskanon für die frühen Jahre – als Anregung und Orientierung für Eltern und Erzieher, als Herausforderung für die Bildungspolitik. Diese Wunschliste wurde zusammengestellt durch Gespräche mit Menschen allen Alters, Schichten, Bildungshintergründen (z. B. Jugendliche, Eltern, Großeltern, Hirnforscher, Entwicklungspsychologen, Grundschuldidaktiker, Arbeitslose, Verkäufer), die alle als Experten angesehen werden. Insgesamt wurden 150 Gespräche geführt. Die Liste enthält 70 Vorschläge dazu, welches Können, welche Erfahrungen Siebenjährige gemacht haben sollten. Diese beziehen sich nicht nur auf kognitive Erlebnisse, sondern schließen z. B. motorische, soziale, emotionale, lebenspraktische Fähigkeiten mit ein, wie „gewinnen wollen und verlieren können", „einen Schneemann gebaut haben", „eine Methode des Konservierens gegen Verfall kennen", „eine Sammlung angelegt haben (sollen)", „auf einen Baum geklettert sein", „Flüche, Schimpfwörter kennen (in zwei Sprachen).

Elschenbroich schlägt in ihrem Buch einen Bogen von Comenius bis zur Pädagogik der frühen Kindheit in modernen Industriestaaten. Sie wirft einen Blick auf beispielhafte Initiativen in England, Japan, Ungarn und den USA und bietet mit so genannten „Bildungsminiaturen" eine Fülle von Anregungen, wie sich Weltwissen im Alltag für und mit Kindern entwickeln lässt.

„Für die frühen Jahre ist der Kindergarten ein ideales Bildungsmilieu: Hier werden Kinder aller Schichten unter einem Dach versammelt, hier werden noch keine Noten vergeben. Es gibt an den langen Tagen immer wieder pädagogisch unstrukturierte Zeiten, für Irrtümer, für Wiederholungen. Und man kann noch anders sein, ohne Nachteil. (Die Kategorie »Ausländerkind« macht für Kinder in diesem Alter noch keinen Sinn). Im Kindergarten kann wie von selbst in »Projekten« gelernt werden. Chemie, Mathematik, Physik in der Küche: das Hebelgesetz beim Nüsseknacken, elementare Mengenlehre beim Salzen. Kunst und Mathematik sind noch nicht auseinanderdefinierte Schulfächer." (Elschenbroich, 2002, S. 53)

Zur Autorin:

Donata Elschenbroich ist Mitarbeiterin des Deutschen Jugendinstituts. Bisherige Veröffentlichungen zur Kulturgeschichte der Kindheit, Erziehung in Japan. Mehrere Videofilme zum Thema.

> Fthenakis, W. E. (Hrsg.). (2003). Elementarpädagogik nach PISA. Wie aus Kindertagesstätten Bildungseinrichtungen werden können. Freiburg: Herder. (376 Seiten; 19.90 Euro; ISBN 3-451-28062-0)

Die PISA-Studie hat gezeigt, dass Bildung nicht erst in der Schule beginnt. Dieses Werk versammelt erstmals vielfältige Grundlagen, um den Bildungsauftrag der Kindertagesstätten in die Praxis umzusetzen. Dabei ist die Themenauswahl sehr breit und vielfältig.

In einem ersten Teil geht es um *Ansätze und Grundlagen für eine Bildungsreform*, z. B. über Beiträge zur Bildungsprogrammatik im internationalen Vergleich oder durch Erkenntnisse aus der Hirnforschung. Im zweiten Abschnitt werden Beiträge zur *Bildungsqualität* gesammelt, z. B. zur Frage, wie Kinder lernen bzw. was Kinder stärkt oder auch zum Übergang vom Kindergarten zur Grundschule. Im dritten Teil geht es um *Konzepte zur pädagogischen Qualität*. Schließlich werden in einem letzten Block *Rahmenbedingungen von pädagogischer und Bildungsqualität* vorgestellt, z. B. indem die strukturellen Voraussetzungen der Weiterentwicklung von Tageseinrichtungen angesprochen werden, die Zukunft der Kindergärten, die Ausbildung der Erzieherinnen usw.

Zum Herausgeber:

W. E. Fthenakis ist Direktor des Staatsinstituts für Frühpädagogik in München und Professor für Erziehungswissenschaft an der Freien Universität in Bozen.

> Gopnik, A., Kuhl, P. & Meltzoff, A. (2001). Forschergeist in Windeln. Wie Ihr Kind die Welt begreift (2. Aufl.). München: Hugendubel. (293 Seiten; 18.90 Euro; ISBN 3-7205-2150-8)

Wer behauptet, dass Babys noch nicht richtig lernen können, hat sich geirrt. Die Autoren zeigen, dass Babys vom ersten Tag an die Welt mit all ihren Sinnen erforschen. Sie erhellen die Sicht darauf, wie das kleine Kind „die Welt begreift". Dabei werden u. a. folgende Themen allgemeinverständlich, teilweise witzig, erläutert:

- Was Kinder über Menschen lernen (z. B. was Neugeborene wissen; der Zusammenhang zwischen Erziehung und Gedächtnis)
- Was Kinder über Dinge lernen (z. B. die Bedeutung der Bewegung, der Erklärungstrieb, Erwachsene als Lehrer)

- Was Kinder über Sprache lernen (z. B. vom Wort zur Bedeutung, wie man eine sprachspezifischer Zuhörer wird)
- Was Wissenschaftler über den kindlichen Geist gelernt haben (z. B. die entwicklungspsychologische Sicht des Lernens, der Wissenschaftler als Kind)
- Was Wissenschaftler über das kindliche Gehirn gelernt haben (z. B. das Gehirn des Erwachsenen, das soziale Gehirn)

Nicht zuletzt werden Eltern Wege aufgezeigt, die geistigen Fortschritte ihrer Kinder zu beobachten, zu verstehen und zu unterstützen.

Zu den Autoren:

Alison Gopnik ist Professorin für Psychologie an der Berkely Universität in Kalifornien. Patricia Kuhl ist Professorin der Sprach- und Akustikwissenschaften an der Universität von Washington. Andrew N. Meltzoff ist Professor für Psychologie an der Universität von Washington.

> Laewen, H.-J. & Andres, B. (Hrsg.). (2002). Bildung und Erziehung in der frühen Kindheit. Bausteine zum Bildungsauftrag von Kindertageseinrichtungen. Weinheim: Beltz. (471 Seiten; 25.00 Euro; ISBN 3-407-56173-3)

Theoretisch und praktisch wird ein neuer Bildungsauftrag für Kindertagesstätten entwickelt, der lebendiges Lernen in den Mittelpunkt stellt und sich an die pädagogische Praxis richtet.

Das Buch gliedert sich in drei Teile mit insgesamt acht Kapiteln. Im ersten Teil geht es um die Rekonstruktion von Begriffen und Konzepten: Hier wird u. a. die Frage geklärt, was unter Bildung und Erziehung verstanden werden kann, wie die kindliche Entwicklung aus konstruktivistischer Sicht zu sehen ist und welche Beziehungen zum Situationsansatz bestehen. Im zweiten Abschnitt werden Bausteine einer Fortbildungskonzeption vorgestellt. Er enthält u. a. Aspekte wie: Bildungsfragen als ästhetisches Experiment, Lebensgeschichte und Identität im Erzieherinnenberuf. Schließlich befasst sich der dritte Teil mit Grundlagen für die Entwicklung der Qualität von Bildung und Erziehung in Kindertageseinrichtungen. Hier werden u. a. ausgewählte Qualitätsmerkmale vorgestellt und besprochen sowie das Projekt beschrieben und vorgestellt aus dessen Zusammenhang die Veröffentlichung letztlich entstanden ist.

Zu den Herausgebern:

Der Soziologe Hans-Joachim Laewen und die Erziehungswissenschaftlerin Beate Andres gründeten 1988 mit ehemaligen wissenschaftlichen Mitarbeitern der Freien Universität Berlin Infans e. V. (Institut für angewandte Sozialisationsforschung/Frühe Kindheit). Weitere Informationen unter „www.infans.de".

Laewen, H.-J. (Hrsg.). (2002). Forscher, Künstler, Konstrukteure. Werkstattbuch zum Bildungsauftrag von Kindertageseinrichtungen. Neuwied: Luchterhand. (202 Seiten; 17.50 Euro; ISBN 3-407-56174-1)

Zur Fortsetzung des Bandes „Bildung und Erziehung in der frühen Kindheit" werden in diesem Werkstattbuch die Ergebnisse des Modellprojektes „Zum Bildungsauftrag zu Kindertageseinrichtungen" von 1997-2000 dargestellt. Mit Hilfe von acht Arbeitsblättern können Themen, wie „Erziehung als gestaltete Interaktion", „Die frühen Bindungen" oder „Beobachtung und fachlicher Diskurs" für die Praxis umsetzbar gemacht werden.

Tietze, W. & Viernickel, S. (Hrsg.). (2002). Pädagogische Qualität in Tageseinrichtungen für Kinder. Ein nationaler Kriterienkatalog. Weinheim: Beltz. (277 Seiten; 19.90 Euro; ISBN 3-407-56209-8)

Das Werk stellt in 20 Themenbereichen Aspekte bester pädagogischer Praxis vor, die in aufwändigen Forschungsstudien mit Hilfe von pädagogischen Fachkräften aus der Praxis sowie Experten der Frühpädagogik (u. a. Wissenschaftler, Trägervertreter) erhoben wurden. Hintergrund der Veröffentlichung ist die Nationale Qualitätsinitiative des Bundes und der Länder. Selbst wenn das Buch nicht zentral die Bildungsthematik behandelt, lassen sich aus den 20 beschriebenen Themenbereichen einige ausmachen, die zum Thema Bildung im Kindergarten interessante Auskünfte „bester" Praxis aufzeigen. Diese sind u. a. die Bereiche „Natur-, Umgebungs- und Sachwissen", „Interkulturelles Lernen", „Bauen und Konstruieren", „Bildende Kunst, Musik und Tanz", „Kognitive Entwicklung".

Zu den Herausgebern:

Wolfgang Tietze ist Professor für Kleinkindpädagogik an der Freien Universität Berlin. Susanne Viernickel ist wissenschaftliche Mitarbeiterin an der Freien Universität Berlin.

10.1.2. Aktuelle Fachliteratur im Internet

> Arbeitsstab Forum Bildung (Hrsg.). (2001). Empfehlungen des Forum Bildung. (http://bildungplus.forum-bildung.de/files/empf_27-11-A-B.pdf) (27 Seiten; pdf-Datei) [14.07.2003].

In Anlehnung an die unten dargestellten Arbeitsschwerpunkte werden Reformen zu *früher* und *individueller Förderung*, die Verwirklichung *lebenslangen Lernens*, die *Erziehung zu Verantwortung* und der *Aus- und Weiterbildung der Lehrenden* als vordringlich gesehen. Außerdem werden Empfehlungen zu *Kompetenzen für die Zukunft* und *mehr Eigenverantwortung für Bildungseinrichtungen* vorgelegt. Die Qualität und Zukunftsfähigkeit unseres Bildungssystems erfordern ein hohes Engagement aller Beteiligten (Individuen, Bildungsinstitutionen, Wirtschaft, Staat). Neue Ideen und Konzepte, eine bessere Nutzung vorhandener Ressourcen und gezielte Bereitstellung zusätzlicher Mittel werden benötigt. Die Empfehlungen richten sich nicht nur an politisch Verantwortlichen, sondern gleichermaßen an Menschen, die Bildungsprozesse vor Ort gestalten.

Zum Herausgeber:

Das Forum Bildung wurde 1999 von der Bund-Länder-Kommission für Bildungsplanung und Forschungsförderung eingesetzt, um Qualität und Zukunftsfähigkeit des deutschen Bildungssystems sicherzustellen. Bildungs- und WissenschaftsministerInnen sowie VertreterInnen der Sozialpartner, Wissenschaft, Kirchen, Auszubildenden und Studierenden haben Empfehlungen zur Bildungsreform erarbeitet. Im Mittelpunkt der Arbeit des Forum Bildung standen *Bildungs- und Qualifikationsziele von morgen*, *Förderung von Chancengleichheit*, *Qualitätssicherung im internationalen Wettbewerb*, *Lernen, ein Leben lang* und *Neue Lern- und Lehrkultur*.

Ausgehend von Berichten externer Expertengruppen, die jeweils einen Themenschwerpunkt behandelten, erarbeiteten Arbeitsgruppen des Forum Bildung „Vorläufige Empfehlungen", die in der *Materialienreihe* veröffentlicht wurden. Unter Berücksichtigung der öffentlichen Debatten, der Stellungnahmen und Veranstaltungen hat das Forum Bildung zwölf abschließende Empfehlungen für Reformen im deutschen Bildungswesen verabschiedet (die oben genannte pdf-Datei).

> Sachverständigenrat Bildung bei der Hans-Böckler-Stiftung (Hrsg.). (2001).
> Bildung in der frühen Kindheit. Diskussionspapiere Nr. 4. Düsseldorf. (www.
> box2.boeckler-boxen.de/fix/download/Diskussionspapiere-2001-4-dp4.pdf)
> [14.07.2003]

In dem Diskussionspapier „Bildung in der frühen Kindheit" wird zunächst eine Bestandsaufnahme der deutschen Früherziehung, in dem auf die geschichtliche Entwicklung und die Kindertagesbetreuung heute eingegangen wird, aufgezeigt. Im zweiten Teil des Papiers werden Wege zur Reform dargestellt. Dabei werden der Aufbau des jetzigen Betreuungssystems zum Bildungsbereich, die Finanzierung und die Qualifikation des Personals näher betrachtet.

Das Diskussionspapier kann man als Broschüre gegen eine Schutzgebühr von 3.00 Euro zuzüglich Versandkosten bei der Hans-Böckler-Stiftung, Hans-Böckler-Straße 39, 40476 Düsseldorf, Tel.: 05971/915672 (Best.-Nr.: 23 004) bestellen.

Zum Herausgeber:

Die Hans-Böckler-Stiftung ist das Mitbestimmungs-, Forschungs- und Studienförderungswerk des Deutschen Gewerkschaftsbundes (DGB). Der Sachverständigenrat Bildung bei der Hans-Böckler-Stiftung, bestehend aus unabhängigen Experten der Wissenschaft, Wirtschaft, Verwaltung und Bildungspraxis, erarbeiten regelmäßig Diskussionspapiere. Er wurde im Sommer 1997 auf Initiative der IG Metall, der IG Bergbau, Chemie, Energie, der Gewerkschaft Erziehung und Wissenschaft sowie der Hans-Böckler-Stiftung gegründet.

> Sachverständigenrat Bildung der Hans-Böckler-Stiftung (Hrsg.). (2001). Wege
> zur Bildungsreform. Diskussionspapiere Nr. 6. Düsseldorf. (www.box2.
> boeckler-boxen.de/fix/download/Diskussionspapiere-2001-6-dp6.pdf)
> [14.07.2003]

Ausgehend von einem neuen Leitbild für das Bildungssystem, welches der Sachverständigenrat Bildung bereits 1998 entworfen hatte, gibt er nun konkrete Vorschläge zur frühkindlichen Bildung, den Allgemeinbildenden Schulen, der Weiterbildung und zur Bildungsfinanzierung. Ein Schwerpunkt bildet dabei die Qualitätsentwicklung und -sicherung.

Für die frühkindliche Phase schlägt der Sachverständigenrat vor, die heutige Kinderbetreuung durch eine systematische Qualitätsentwicklung sowie die Verbesserung der Ausbildung der Erzieherinnen zu einem System der frühkindlichen Bildung auszubauen. Außerdem sollen die Eltern mehr Einfluss auf die jeweilige Einrichtung erhalten (ausführlicher in Diskussionspapier Nr. 4 dargestellt).

Das Diskussionspapier kann man als Broschüre gegen eine Schützgebühr von 3 Euro zuzüglich Versandkosten bei der Hans-Böckler-Stiftung, Hans-Böckler-Straße 39, 40476 Düsseldorf, Tel.: 05971/915672 (Best.-Nr.: 23 006) bestellen.

10.1.3. Zeitschriften, Themenhefte

> Theorie und Praxis der Sozialpädagogik (TPS) – Evangelische Fachzeitschrift für die Arbeit mit Kindern, Nr. 1 , 2002. Kinder können Bildung. Seelze: Kallmyer'sche Verlagsbuchhandlung. (64 Seiten; 7.50 Euro; ISSN 0342-7145)

In dieser Ausgabe von TPS kommen Wissenschaftlicher und Praktiker aus dem Bereich der frühen Kindheit zu Themen rund um Bildung zu Wort. Unter anderem wird folgendes dargestellt:

- Ergebnisse aus dem Modellprojekt „Zum Bildungsauftrag von Kindertageseinrichtungen"
- Beschreibung des Alltags in der Laborschule in Bielefeld
- Neurophysiologische und biochemische Kenntnisse, wie Kinder lernen
- Zum Ablauf des entdeckenden Lernens
- Diskussion um Bildungs- und Qualitätsaspekte
- Hochbegabte Kinder – eine Minderheit mit besonderen Bedürfnissen

Die einzelnen Artikel umfassen jeweils mehrere Seiten zum Thema, so dass sie einen kurzen und prägnanten Überblick bieten.

10.1.4. Einschlägige Webseiten zur Bildung

Der Deutsche Bildungsserver (www.bildungsserver.de)

Der Deutsche Bildungsserver ist ein vom Bund und den sechzehn Bundesländern getragenes Informationsportal zum deutschen föderalen Bildungswesen. Der Sitz des Deutschen Bildungsservers ist das Deutsche Institut für Internationale Pädagogische Forschung (DIPF), das in Kooperation mit dem Institut für Film und Bild in Wissenschaft und Unterricht (FUW) sowie – aus Mitteln des BMBF – mit der Humboldt-Universität zu Berlin und dem Verein zur Förderung eines Deutschen Forschungsnetzes e. V. (DFN) diesen Service anbietet. Eine Steuerungsgruppe aus Vertretern des Bundes und der Ländern sowie Sachverständigen begleitet den Aufbau.

Neben *adressatenbezogenen Angeboten* für bestimmte Personengruppen (u. a. LehrerInnen, Eltern, WissenschaftlerInnen) findet man auf der Homepage bildungsrelevante *Datenbanken* (wie Materialien, Institutionen, Veranstaltungen, etc.). Unter dem Button *LehrerInnen* werden z. B. Lehrpläne/Richtlinien, Ferienkalender und Unterricht angeboten. Unter *Eltern* erscheinen Veranstaltungen für Eltern, Elternverbände/-vertretungen und Beratungsangebote für Eltern und Schüler. Öffnet man *Materialien* gelangt man zu einer Übersicht, auf der über *Onlineressourcen und Projekte* auch Materialien für den Elementarbereich zu finden sind. Hier gibt es dann u. a. Links zur Bildungsforschung, -politik, -planung; zur Familie; zu Gesetzen; zum Hort; zu Kindergarten- und -krippen; zur Tagespflege; zu Modellprojekten und Statistik. Weiterhin finden sich Materialien und Projekte über Bewegungserziehung; Integrative und Interkulturelle Erziehung, Medienpädagogik, Sprachförderung, Musikerziehung u. a.m.

Das redaktionell betreute Informationsangebot bietet Themenbereiche wie *Übergreifende Informationen* (Bildungspolitik, Bildungsstatistik, Bildung weltweit etc.), *Schule* (Schullaufbahnberatung, Lehrpläne, Unterricht etc.) *Berufliche Bildung* (Modellversuche, Mobilität, AusbilderInnen etc.) *Wissenschaft und Bildungsforschung* (Institutionen, Forschungsstatistik etc.) *Behindertenpädagogik* (Theorie, Diagnostik, Förderung/Therapie etc.) usw.

Hyperlinks zu verschiedenen *Kooperationen* (z. B. FIS Literaturdatenbank Bildung; Schulweb; Hochschulnetzwerk Lehrerausbildung und neue Medien; Kulturministerkonferenz) geben die Möglichkeit schnell auf weitere wichtige Bildungs-Websiten zu gelangen.

Weiterhin gibt es Links zu Websites (Camino-Werkstatt für Fortbildung, Praxisbegleitung und Forschung im sozialen Bereich oder Jeronimo – das Kindergarten-Netzwerk) und Institutionen (Deutsches Kinderhilfswerk, Institut für angewandte Familien-, Kindheits- und Jugendforschung, Pestalozzi-Fröbel-Verband), die sich mit Kindergartenpädagogik und Forschung beschäftigen. Außerdem finden man hier Hinweise auf Projekte (z. B. Luftikus, der den Forscherdrang von Kindern im Umgang mit der unbelebten Natur fördern will).

Schließlich wird ein Suchsystem angeboten, in dem man über die Eingabe von Begriffen (z. B. „Elementarbildung") eine Vielzahl interessanter Artikel und Vorträge („Bildung beginnt vor der Schule" von Gerd Schäfer, „Früherkennung,

Frühförderung und Schulfähigkeit als pädagogische Aufgabe in Kindertagesstätten?" von Hans-Joachim Laewen, etc.) aufrufen kann.

Forum Bildung bzw. Bildung Plus (www.forum-bildung.de)

Am 1. Juni 2002 wurde am Deutschen Institut Internationale Pädagogische Forschung (DIPF) das Projekt „Bildung Plus" ins Leben gerufen. Eine kleine Projektarbeitsgruppe – bestehend aus wissenschaftlichen Mitarbeitern des DIPF und der Online-Reaktion in Köln – setzt die Arbeit des Forum Bildung fort. Der Arbeitsstab des Forum Bildung in der Geschäftsstelle der BLK (Bund-Länder-Kommission für Bildungsplanung und Forschungsförderung) hatte am 31. Mai 2002 die Tätigkeit beendet.

Im Fokus der Arbeit von Bildung Plus stehen die Themen: *Frühe Förderung; Individuelle Förderung; Lernen, Verantwortung zu übernehmen; Bildung und Qualifizierung von MigrantInnen* und *Lehrende als Schlüssel für die Bildungsreform*. In der Rubrik *Im Fokus* findet man – sortiert nach den oben genannten Themen – aktuelle Interviews, Berichte und Artikel. Unter *Frühe Förderung* dominiert zur Zeit die Diskussion über „PISA" und „Ganztagsschule", aber auch Themen wie „Naturwissenschaftliche Experimente im Kindergarten", „Fremdsprachen bereits mit drei Jahren" und „Bildung im Kindergartenalter ist Selbstbildung" werden angeboten.

Unter der Rubrik *Internet Bibliothek* kann man per Suchmaschine mit den Schlagwörtern wie „Vorschulische Bildung" oder „Bildung im Kindergarten" zu Artikeln aus *Im Fokus* und *Gute Beispiele* gelangen (z. B. „Bildungs- und Qualifikationsziele von morgen" – Materialien des Forum Bildung 5 oder „Es ist nicht schlimm, wenn 25 Kinder nicht im Gleichschritt marschieren – Multiprofessionelle Teams fördern Kinder jahrgangsübergreifend" von Sylvia Löhrmann).

Zusätzlich zu den Expertenberichten und anderen Materialien kann man noch in die Diskussion gehen. Unter der Rubrik *Freies Forum* findet sich eine Übersicht, auf der man, nach Anmeldung, Beiträge anderer Interessierter beantworten oder einen neuen Beitrag verfassen kann, der dann in der Übersicht aufgenommen wird.

Kindergartenpädagogik – Online-Handbuch von Martin R. Textor (Hrsg.) (www.kindergartenpaedagogik.de) [09.07.2003]

Auf dieser Webseite sind über 450 Online-Fachartikel und Kurztexte zu Büchern rund um die Kindergartenpädagogik zu finden. Eingeteilt sind sie in 27 verschiedene Rubriken, wie *Pädagogische Ansätze; Beschäftigungen; Methoden; Innovationen; innere Öffnung; Fremdsprachen; Computer; Übergang Kita – Schule; Kita-Leitung; Teamarbeit; Konzeption; Qualitätsentwicklung; Öffentlichkeitsarbeit,* usw.

Neben der Suche von Fachliteratur besteht die Möglichkeit auch selbst Beiträge, in das Online-Handbuch einzustellen (z. B. über Praxisprojekte in der Kindertageseinrichtung).

Durch den Link *Informationen aus Ministerien und Verbänden* gelangt man auf ein gutsortiertes Portal mit einer Übersicht über Organisation und Struktur der Kindertagesbetreuung auf Bundes- und Länderebene.

Zum Herausgeber:

Martin R. Textor ist wissenschaftlicher Angestellter am Staatsinstitut für Frühpädagogik in München.

10.1.5. Videos

> Elschenbroich, D. & Schweizer, O. (1999). Das Rad erfinden. Kinder auf dem Weg in die Wissensgesellschaft (50 Minuten). (Bezugsadresse: Deutsches Jugendinstitut, Außenstelle Frankfurt, Kronbergstraße 28, 60323 Frankfurt/M., Fax: 069/727671)

Der Film, der durch das Bundesministerium für Bildung und Wissenschaft im Rahmen der Delphi-Studie „Dimensionen der Wissensgesellschaft" gefördert wurde, geht der Frage nach, wie Kinder heute ihr Wissen für das Jahr 2020 aufbauen.

Mit tausend Experten der Delphi-Studie des Bildungsministeriums ist man sich einig, dass Kinder nicht mehr lernen müssen, sondern anders. Sie brauchen ein breites Bildungsfundament in den frühen Jahren, und sie müssen mit der ganzen Persönlichkeit auf die neue Wissensgesellschaft zugehen. Der Film macht sich auf die Suche nach zukunftsweisenden Formen des Lernens und Wissens in Deutschkind und Europa.

10.2. Vorschulkonzeptionen, Ländervergleich

Zum Thema Vorschulkonzeptionen lassen sich nur wenige Überblickswerke finden. Daher wird in diesem Überblick nur auf eine Veröffentlichung zu pädagogischen Ansätzen und eine zum internationalen Vergleich hingewiesen.

10.2.1. Aktuelle Fachliteratur

> Fthenakis, W. E. & Textor, M. R. (Hrsg.). (2000). Pädagogische Ansätze im Kindergarten. Weinheim: Beltz. (267 Seiten; 24.90 Euro; ISBN 3-407-62428-5)

Im Buch werden einige Konzepte der Kindergartenpädagogik vorgestellt und u. a. mit Bezug auf ihre praktische Bedeutung kommentiert. Neben gängigen pädagogischen Konzeptionen wie z. B. diejenigen von Maria Montessori, der Reggio-Pädagogik, dem Situationssatz, werden auch weniger bekannte Ansätze vorgestellt. Jedem Kapitel folgt ein längerer Kommentar. In diesem wird durch renommierte Fachkräfte die zuvor beschriebene Theorie kritisch kommentiert.

> Oberhuemer, P. & Ulich, M. (1997). Kinderbetreuung in Europa. Tageseinrichtungen und pädagogisches Personal. Eine Bestandsaufnahme in den Ländern der Europäischen Union. Weinheim: Beltz. (316 Seiten. 24.90 Euro. ISBN 3-407-55789-2)

Welche Tageseinrichtungen gibt es in Dänemark, Luxemburg, Italien, Finnland oder Frankreich? Wer arbeitet in Krippen, Kindergärten, Horten mit welcher Ausbildung?

Dieses Buch gibt Auskunft darüber und kann mittlerweile als einschlägiges Standardwerk für den strukturellen Vergleich der Kinderbetreuung in Europa gelten.

Das Werk basiert auf einer detaillierten Bestandsaufnahme des Staatsinstituts für Frühpädagogik (IFP, München) in den 15 Mitgliedstaaten der EU. Die Länderberichte reichen von Informationen zum gesellschaftlichen Kontext der Kinderbetreuung, über das Angebot an Institutionen bis hin zu Ausbildung und Berufssituation der Fachkräfte. Außerdem werden sie vergleichend analysiert.

Zu den Autorinnen:

Pamela Oberhuemer und Michaela Ulich sind wissenschaftliche Referentinnen am Staatsinstitut für Frühpädagogik in München.

10.2.2. Videos

> Schwarz, P. (1994). Sieben Lachen und zwei Ernst. Samurais für die Zukunft. Erziehung und Bildung in Japan (Teil 1, 45 Minuten). (Landesmedienzentrum Rheinland-Pfalz, Helstr. 257, 56077 Koblenz, Tel.: 0261/9702-0)

Der Film gibt einen Einblick in das japanische Bildungssystem der vorschulischen Erziehung bis zur Grundschule. Dabei werden Grundprinzipien des Umgangs mit Kindern im Elternhaus und Institutionen deutlich, die sich z. B. von deutschen Gepflogenheiten stark unterscheiden.

Der Film ist der erste Teil einer vierteiligen Fernsehreihe zum Erziehungs- und Bildungswesen in Japan von der Vorschule bis zur Universität.

10.3. Schulfähigkeit

Zum Thema Schulfähigkeit ist eine Fülle einschlägiger Fachliteratur erhältlich. Im Folgenden wird eine Sammlung bewährter Praxismaterialien zum Thema exemplarisch vorgestellt.

10.3.1. Aktuelle Fachliteratur

> Barth, K. (1995). Schulfähig? Beurteilungskriterien für die Erzieherin. Freiburg: Herder. (92 Seiten; ISBN 3-451-26771-3; vergriffen)

Der Autor hat einen Katalog der wichtigsten Beurteilungskriterien zur Schulfähigkeit zusammengestellt. Themen wie „verfrühte Einschulung" und „die Kooperation zwischen Kindergarten und Grundschule" sowie „Ratschläge zur Elternberatung" und „Beobachtung" werden in diesem kurzen Band erörtert und diskutiert. Es werden Beurteilungskriterien (vor allem aus dem Sinnes- und Wahrnehmungsbereich) vorgestellt, die Erzieherinnen helfen können, die Schulfähigkeit der Kinder besser einzuschätzen. Außerdem stellt der Autor Hinweise und Regeln zur Elternberatung vor.

Zum Autor:

Karlheinz Barth ist Psychologe und Familientherapeut. Er arbeitet an einer Beratungsstelle für Eltern, Kinder und Jugendliche in Geldern.

> Naumann, S. (1998). Was heißt hier schulfähig? Übergang in Schule und Hort. Ravensburg: Ravensburger Buchverlag. (95 Seiten; 12.00 Euro; ISBN 3-407-62411-5)

Dieser Band aus der „Praxisreihe Situationsansatz" beleuchtet das Thema sowohl theoretisch als auch praktisch aus der Sicht des Situationsansatzes und ist aus der Praxis heraus, also mit Hilfe von Erzieherinnen, entstanden. Den vier Planungsschritten des Situationsansatzes folgend vermittelt es Ideen, um neue Wege zu gehen und in einen Dialog vor Ort mit allen Beteiligten zu kommen.

Der Wechsel in Schule und Hort wird als bedeutsame Lebenssituation gesehen, wobei die Autorin davon ausgeht, dass Kinder sich selbst auf die Schule vorbereiten. Die Anerkennung kindlicher Selbstbestimmung und Selbstverantwortung sollte Bestandteil des pädagogischen Konzepts auch mit Blick auf die Vorbereitung auf die Schule sein.

Das Buch zeigt u. a., welche Fragen Kinder stellen und wer sie ihnen beantworten kann. Gleichzeitig wird beleuchtet, welche Bedeutung mit Blick auf den Eintritt in die Schule das spielende Lernen hat. Es wird auch diskutiert, was unter Schulfähigkeit verstanden werden kann und wie die Zusammenarbeit zwischen Familie, Kindergarten und Hort gelingen kann.

Das Buch ist einer von 12 Praxisbänden einer Praxisreihe zum Situationsansatz. Bei der Erstellung der Bände waren über 100 Kindertagesstätten beteiligt.

Zur Autorin:

Sabine Naumann ist Diplompädagogin und arbeitet als wissenschaftliche Mitarbeiterin an der Freien Universität Berlin.

> Naegele, M. & Haarmann, D. (Hrsg.). (1999). Schulanfang heute. Ein Handbuch für Elternhaus, Kindergarten und Schule (3. Aufl.). Weinheim: Beltz. (272 Seiten; 13.00 Euro; ISBN 3-407-22803-1)

Was können Eltern, Erzieherinnen und Lehrer tun, um Kindern einen möglichst glücklichen Start in die Schulzeit zu sichern? Welche Fähigkeiten sollte das Kind beherrschen, damit es sich im ersten Schuljahr wohlfühlt? Ingrid M. Naegele und Dieter Haarmann zeigen, wie der Start in die Schule gelingt und wie Kinder Spaß am Lernen haben, so dass Schulstress ein Fremdwort bleibt. Ein aktueller Ratgeber für alle Themen rund um den Schulanfang und den Anfangsunterricht.

Zu den Autoren:

Ingrid M. Naegele ist Diplompädagogin und Kindertherapeutin. Dieter Haarmann ist Professor für Pädagogik.

Nickel, H. & Schmidt-Denter, U. (1995). Vom Kleinkind zum Schulkind. Eine entwicklungspsychologische Einführung für Erzieher, Lehrer und Eltern (5. Aufl.). München: Reinhardt. (277 Seiten; 15.90 Euro; ISBN 3-497-01378-1)

Diese entwicklungspsychologische Einführung gibt auf der Grundlage gesicherter wissenschaftlicher Erkenntnisse einen allgemein verständlichen Überblick über die Altersspanne von drei bis acht Jahren. Die vorliegende Auflage berücksichtigt u. a. folgende Themen: Konzepte zum Verständnis von Entwicklung; neuere Forschungsergebnisse zu den Bereichen: körperliche Entwicklung, Sprache, Spiel und Kreativität, psychosexuelle Entwicklung, Wirkung der elektronischen Medien, veränderte familiäre Bedingungen heute (z. B. Scheidungskinder), die veränderte Gesetzgebung im Bereich der Einschulung, Regelversetzung und Schulfähigkeit, integrative Erziehung behinderter und nichtbehinderter Kinder.

Zu den Autoren:

Professor Horst Nickel lehrt am Institut für Entwicklungs- und Sozialpsychologie der Universität Düsseldorf. Professor Ulrich Schmidt-Denter lehrt am psychologischen Institut der Universität zu Köln.

Knörzer, W. & Grass, K. (2000). Den Anfang der Schulzeit pädagogisch gestalten. Ein Studien- und Arbeitsbuch für den Anfangsunterricht (5. Aufl.). Weinheim: Beltz. (282 Seiten; 24.00 Euro; ISBN 3-407-25228-5)

Dieses Studien- und Arbeitsbuch, das bisher in mehreren überarbeiteten Auflagen vorliegt, vermittelt einen umfassenden Einblick in elementare pädagogische Fragen des Übergangs vom Kindergarten zur Grundschule und dem Anfangsunterricht. Es gibt Lehrern, Referendaren und Studierenden eine Fülle praktischer pädagogischer Impulse für die Arbeit in der Grundschule und ist gleichzeitig auch für Erzieherinnen ein brauchbares Werk, um sich zu folgenden Themen näher zu informieren: Vom Kindergarten in die Schule (z. B. Schulanfang aus Sicht der Kinder, Kooperation Kindergarten und Schule, Schulanmeldung); Schulfähigkeit (z. B. staatliche Regelungen, von der Schulreife zur Schulfähigkeit usw.); veränderte Kindheit als neue Herausforderung (z. B. historische Perspektiven, familialer Wandel) und Schuleintrittskrisen (z. B. Belästigungen durch andere Kinder, Selbstbild des Kindes, Schulphobie).

Zu den Autoren:

Wolfgang Knörzer ist Professor für Erziehungswissenschaft an der PH Schwäbisch Gmünd. Karl Grass ist Oberstudienrat für Erziehungswissenschaft mit Schwerpunkt Grundschulpädagogik an der PH Schwäbisch Gmünd.

Weigert, H. & Weigert, E. (1997). Schuleingangsphase. Hilfen für eine kindgerechte Einschulung (5. Aufl.). Weinheim: Beltz. (153 Seiten; 19.90 Euro; ISBN 3-407-62378-X)

Das Buch gründet auf der Annahme, dass in der Schuleingangsphase die Weichen für alles Folgende gestellt werden. Aus der Sicht der Praktiker werden die aktuellen und wissenschaftlich gesicherten Erkenntnisse über Voraussetzungen, Erscheinungsformen und Überprüfungsmöglichkeiten der individuellen Schulfähigkeit vorgestellt. Daraus ergibt sich ein empirisch gefiltertes, gesichertes und praktikables Einschulungskonzept. „Erstmals wird die – trotz aller Bemühungen um einen »gleitenden Übergang« zwischen Elementar- und Primarbereich verbleibende – institutionelle Stolperschwelle zwischen Familie bzw. Kindergarten einerseits und Grundschule andererseits in umfassendem theoretisch-praktischem Zugriff angegangen, werden für diese schwierige, in der Praxis meist nur durch tradierte Verlegenheitsmaßnahmen überbrückte Sozialisationsbruchstelle Denk- und Handlungshilfen angeboten, die sich in langjähriger Praxis erhärtet und bewährt haben und die Forderungen nach »kindorientierter« Schulreform zu selbstverständlicher Realität haben werden lassen".

Bründel, H. (2003). Wann ist ein Kind schulfähig? Ein praktischer Leitfaden für Erzieherinnen (3. Aufl.). Freiburg: Herder. (160 Seiten; 12.90 Euro; ISBN 3-451-27500-7)

Ziel des Buches ist es, Erzieherinnen theoretisch und praktisch darin zu unterstützen, den vielfältigen Aufgabenkatalog rund um das Thema Schulfähigkeit eines

Kindes erfolgreich zu bewältigen. Im Vordergrund stehen die Feststellung der Schulfähigkeit eines Kindes, Beurteilungshilfen für den kindgerechten Einschulungstermin, Beobachtungs- und Fördermöglichkeiten sowie Anregungen für die beratende Elternarbeit.

Zur Autorin:

Heidrun Bründel ist Diplompsychologin und Psychotherapeutin.

> Merthan, B. (2003). Spiele zur Schulvorbereitung. Materialband Beschäftigung (3. Aufl.). Freiburg: Herder. (128 Seiten; 13.90 Euro; ISBN 3-451-27454-X)
>
> Merthan, B. (2003). Spiele zur Schulvorbereitung (Band 2) (2. Aufl.). Freiburg: Herder. (128 Seiten, 13.90 Euro; ISBN 3-451-27642-9)

Ohne Leistungsdruck und mit viel Spaß und Freude am Spiel stellt die Autorin eine Sammlung von Spielen und Übungen ohne Leistungsdruck zur Förderung von sozialem Miteinander; Motorik; Sprachentwicklung und kreativem Gestalten vor. Die Einteilung der Spiele und Übungen in drei Anforderungsstufen ermöglicht die Berücksichtigung des individuellen Entwicklungsstandes des Kindes.

Zur Autorin:

Bärbel Merthan ist Erzieherin und leitet einen Kindergarten im Kreis Garmisch-Partenkirchen.

10.3.2. Zeitschriften, Themenhefte

> Theorie und Praxis der Sozialpädagogik TPS – Evangelische Fachzeitschrift für die Arbeit mit Kindern (04/2003). Vom Kindergarten zur Schule. Seelze: Kallmeyer'sche Verlagsbuchhandlung. (56 Seiten; 7.50 Euro; ISSN: 0342-7145)

„Das Dilemma ist offensichtlich: Zwischen dem ‚normalen' Kindergartenbesuch, der ‚allgemein' auf die Schule vorbereitet, und dem ‚besonderen' letzten Jahr, in dem die Kinder ‚noch etwas zusätzlich brauchen', wird das professionelle Gewissen auf die Probe gestellt" (S. 1).

WissenschaftlerInnen und PraktikerInnen wollen mit ihren Artikeln zwischen diesen Positionen vermitteln, indem sie den Übergang *vom Kind her* denken – was auch zu mehr Anerkennung und Kooperation zwischen ErzieherInnen und Lehrkräften führt.

10.4. Kooperation von Kindergarten und Grundschule

Seit der PISA-Studie wird diese Thematik wieder verstärkt diskutiert. Es ist damit zu rechnen, dass es zu vermehrten Publikationen über diesen Teilbereich der Gesamtthematik in den nächsten Jahren kommt.

10.4.1. Aktuelle Fachliteratur

> Faust-Siehl, G., Garlichs, A., Ramseger, J., Schwarz, H. & Warm, U. (1999). Die Zukunft beginnt in der Grundschule. Empfehlungen zur Neugestaltung der Primarstufe. Ein Projekt des Grundschulverbandes. Reinbek: Rowohlt. (288 Seiten; 7.90 Euro; ISBN 3-499-60156-7)

Dieses Buch gibt einen Überblick über den aktuellen Diskussionsstand zum Thema Neugestaltung der Grundschule. Ausgehend von der Tatsache, dass sich die Kindheit verändert, muss auch die Grundschule durch weniger Bürokratie und mehr Eigenständigkeit eine moderne und kindgerechte Schule werden. Die Autoren geben Empfehlungen heraus, wie dieser Prozess umgesetzt werden kann. Beispielsweise sind neben erzieherischen und unterrichtlichen Funktionen auch sozialpädagogische Aufgaben und die Realisierung aller drei Bereiche als Einheit wichtig. Das Werk spricht vor allem Grundschulpädagogen an, aber auch Erzieherinnen finden hier reichlich Argumente, um sich sachkundig an der Diskussion, gerade auch dann, wenn es um den Übergang geht, zu beteiligen.

Zur Autorin:

Gabriele Faust (vorher Faust-Siehl) ist Professorin für Grundschulpädagogik an der Universität in Bamberg.

> Griebel, W. & Niesel, R. (2002). Abschied vom Kindergarten. Start in die Schule. Grundlagen und Praxishilfen für Erzieherinnen, Lehrkräfte und Eltern. München: Don Bosco. (142 Seiten; 15.24 Euro; ISBN 3-7698-1346-4)

Basierend auf einer Fragebogen- und Interviewstudie, die sich an Erzieherinnen und Eltern bzw. Kinder und Eltern richtete, stellen die Autoren ein übersichtliches, praxisorientiertes Werk vor. Theoretische Ausgangsbasis der Ausführungen ist der „Übergangsansatz", der den Blick sowohl auf das Kind wie auch auf die

Familie im Übergang zur Schule richtet. Zu allen inhaltlichen Ausführungen der einzelnen Aspekte werden brauchbare Praxistipps vorgestellt, die sich an Erzieherinnen bzw. Kindergarten und Eltern bzw. Familie wenden. Folgende Teilbereiche werden behandelt: Der Wandel der Familien und daraus folgende Anforderungen zur Bewältigung von Übergängen; die Anforderungen an Kinder und Eltern, die sich durch den Übergang vom Kindergarten in die Grundschule ergeben (Identität, Beziehungen, Rollenwandel ...); Maßnahmen zur Schulvorbereitung; die Kooperation zwischen Kindergarten und Grundschule; die Situation von Kindern am Ende ihrer Kindergartenzeit; die Förderung der Schulanfänger in Kindergarten und Familie; die Situation in der Schule.

Das leicht lesbare, praxisorientierte Buch richtet sich an Eltern, Erzieherinnen und Lehrkräfte. Die ausführliche Literaturliste gibt darüber hinaus weitere brauchbare Hinweise zum Thema.

Zu den Autoren:

Wilfried Griebel und Renate Niesel sind Diplompsychologen. Sie arbeiten beide als wissenschaftliche Mitarbeiter am Staatsinstitut für Frühpädagogik in München.

Hacker, H. (1998). Vom Kindergarten zur Grundschule. Theorie und Praxis eines kindgerechten Übergangs (2., erw. u. akt. Aufl.). Bad Heilbrunn: Klinkhardt. (167 Seiten; 13.80 Euro; ISBN 3-7815-0938-9)

Dieser Band ist Standardwerk in der Lehrerausbildung und sollte es auch für Erzieherinnen werden. In einem Theorieteil, der den Übergang aus entwicklungspsychologischer und pädagogischer Sicht klärt, findet sich auch ein internationaler Vergleich. Daneben steht die Konkretisierung von Übergangsempfehlungen aus den Kultusministerien der einzelnen Bundesländer. Die vielfältigen Beispiele von Lehrerinnen und Erzieherinnen zeigen gelungene Kooperation vor Ort: Besuche der Kindergartenkinder in der Schule; Elternabende zum Schulanfang; schließlich die Gestaltung des ersten Schultages und die Arbeit in den ersten Wochen. Darüber hinaus wird die Übergangsproblematik historisch und systematisch aufgearbeitet.

Bücher und Materialien 141

Zum Autor:

Hartmut Hacker war zehn Jahre Lehrer an Grund- und Hauptschulen. Seit über 25 Jahren übt er Lehrtätigkeiten an verschiednen Hochschulen aus, zuletzt als Inhaber des Lehrstuhls für Grund- und Vorschulpädagogik in Leipzig.

> Hense, M. & Buschmeier, G. (2002). Kindergarten und Grundschule Hand in Hand. München: Don Bosco. (148 Seiten; 15.30 Euro; ISBN 3-7698-1377-4)

Wie arbeiten Lehrkräfte, wie Erzieherinnen? Wo liegen die Gemeinsamkeiten, wo die Unterschiede?

Das Buch bietet grundlegende Informationen zum Thema in einem theoretischen Teil. Kooperationsanlässe und Praxisbeispiele bilden einen zweiten Teil und sind geeignet, Anstöße zur Kooperation zum Wohl der Kinder zu geben.

Zu den Autoren:

Margarita Hense ist Erzieherin, Sozialarbeiterin und Diplompädagogin. Seit über zwanzig Jahren ist sie Fachberaterin für Kindertageseinrichtungen im Kreis Paderborn. Giesela Buschmann ist Erzieherin, Sozialpädagogin und Supervisorin. Sie leitet eine Tageseinrichtung für Kinder im Kreis Paderborn.

> Naumann, S. (1998). Was heißt hier schulfähig? Übergang in Schule und Hort. Ravensburg: Ravensburger Buchverlag. (95 Seiten; 12.00 Euro; ISBN 3-473-98901-0)

Dieser Band aus der „Praxisreihe Situationsansatz" beleuchtet das Thema sowohl theoretisch als auch praktisch aus der Sicht des Situationsansatzes und ist aus der Praxis, also mit Hilfe von Erzieherinnen, entstanden. Den vier Planungsschritten des Situationsansatzes folgend vermittelt es Ideen, um neue Wege zu gehen und in einen Dialog vor Ort mit allen Beteiligten zu kommen.

Der Wechsel in Schule und Hort wird als bedeutsame Lebenssituation gesehen, wobei die Autorin davon ausgeht, dass Kinder sich selbst auf die Schule vorbereiten. Die Anerkennung kindlicher Selbstbestimmung und Selbstverantwortung sollte Bestandteil des pädagogischen Konzepts auch mit Blick auf die Vorbereitung auf die Schule sein.

Das Buch zeigt u. a., welche Fragen Kinder stellen und wer sie ihnen beantworten kann. Gleichzeitig wird beleuchtet, welche Bedeutung mit Blick auf den Eintritt in die Schule das spielende Lernen hat. Es wird auch diskutiert, was unter Schulfähigkeit verstanden werden kann und wie die Zusammenarbeit zwischen Familie, Kindergarten und Hort gelingen kann.

Das Buch ist einer von 12 Praxisbänden einer Praxisreihe zum Situationsansatz. Bei der Erstellung der Bände waren über 100 Kindertagesstätten beteiligt.

Zur Autorin:

Sabine Naumann ist Diplompädagogin. Sie arbeitet als wissenschaftliche Mitarbeiterin an der Freien Universität Berlin.

10.4.2. Bilderbücher zum Thema

> Chidoule, D. (1998). Millie geht zur Schule. Hamburg: Dressler. (168 Seiten; ab 6 Jahren; 9.50 Euro; ISBN 3-7915-0395-2)

Endlich ist es soweit. Millie geht in die Schule. Das wurde auch Zeit – schließlich hat sie schon ihre erste Zahnlücke, wie alle Schulkinder, sagt Mama. Millie freut sich vor allem auf die Schultüte. Doch diese enttäuscht zunächst, weil keine Süßigkeiten drinnen sind. Kann das überhaupt sein?

> Färber, W. (2001). Bildermaus. Geschichten aus der Schule. Bindlach: Loewe. (48 Seiten; ab 5 Jahre; 7.50 Euro; ISBN 3-7855-3869-3)

Ein Lesebilderbuch, in dem Bilder die Hauptwörter ersetzen. Die kurzen Geschichten drehen sich um den ersten Schultag, der sehr lustig ist, denn die Lehrerin lacht für ihr Leben gern. Die Schüler müssen den Namen ihrer neuen Lehrerin erraten und vieles mehr. Besonders lustig wird es, als plötzlich ein Esel zur Tür hereinspaziert ... !

> Mai, M. & Krauß, S. (2000). Mein erster Schultag. Ein Lesebilderbuch. Ravensburger Buchverlag. (28 Seiten; ab 4 Jahre; 8.95 Euro; ISBN 3-473-33776-5)

Was wird der erste Schultag alles bringen? Lisa und Marie sind ganz aufgeregt? In diesem Lesebilderbuch finden Kinder Antworten auf die Frage.

> Künzler-Behncke, R. & Kraushaar, S. (1999). Simon will auch in die Schule gehen. Wien: Betz. (24 Seiten; ab 4 Jahren; 9.90 Euro; ISBN 3-219-10803-2)

Simon ist schon „groß", aber noch nicht so groß wie seine Schwester, die schon bald zur Schule geht. Immer kann sie alles ein bißchen besser als er. Wen wundert's dass Simon deswegen manchmal wütend ist. Und dann geht Sandra eines Tages sogar zur Schule ... !

> Minte-König, B. & Döring, H.-G. (1999). Komm mit, die Schule fängt an! Stuttgart: Thienemann. (32 Seiten; 11.00 Euro; ISBN 3 522 43300 9)

Der Einschulungstag ist für jedes Kind ein großes Erlebnis. Damit sich die Kinder auf die neue Situation vorbereiten können, zeigt dieses Buch in Bildern und Texten, was alles im ersten Schuljahr zu erleben gibt. Sie sind von Anfang an bis zum ersten Zeugnis dabei und entdecken, wie viel Spaß es macht, Schulkind zu werden.

> Oberlies, E. (Hrsg.). (2002). In der Schule ist was los! 12 lustige Geschichten. Ravensburg: Ravensburger Buchverlag. (142 Seiten; ab 5 Jahre; 1295 Euro; ISBN 3-473-34397-8)

Dieses Buch ist zum Vorlesen und Selbstlesen geeignet, nicht nur für ABC-Schützen. Es dreht sich darin um das Abenteuer Schule: vom ersten Schultag; von neuen Freunden; aufregenden Erlebnissen im Unterricht und von ganz besonderen Mitschülern.

> Reichenstetter, F. (2000). Schulhofgeschichten. Der Bücherbär. Kleine Geschichten. Arena-Verlag. (40 Seiten; ab 6 Jahren; 6.50 Euro; ISBN 3-401-07827-5)

Eine Figur am Lesebändchen begleitet durch das Buch mit kleinen Geschichten rund um Schule und Schulhof.